동주에서 아야코까지

이지현의 기독문학기행

동주에서 아야코까지

이지현 지음

국민북스

영혼의 창문을 조용하게 열어 놓고 글을 쓰는 이지현. 그 창문을 통해 창조세계를 정겹고 면밀하게 천착하는 이지현. 그 창조세계는 주님의 시선 안에서 끊임없는 관계형성으로 자아와 상대 세계의 지평을 열어주고, 이 땅에서 고통 중에 꽃피고 열매 맺는 영혼들의 언어를 들려준다. 기독문학기행 '동주에서 아야코까지'는 고난을 유익으로 목에 걸고 살아간 사람들의 눈물어린 삶을 잔잔하게 기록한, 하늘나라의 보고서다.

정연희(소설가·대한민국예술원 회원)

이 책을 읽기 전까지는 이름으로만 알고 있었을 뿐 그 사람이 그리스도인인 줄 미처 몰랐던 인물들도 있다. 어쩌면 회심하기 전까지는 문학을 구원의 길로 여기며 탐독했으나, 이후에는 멀어진 때문이기도 할 것이다. 오래전, 저자가 나와 인터뷰를 하고 쓴 글을 신문에서 보며 깊은 인상을 받았다. 세련된 필치와 마음에 붙는 묘사, 결코 과장이 없는 담백한 글쓰기 때문이었다. 이 시리즈가 연재되었을 때 그것을 즐겨 읽었던 것도 저자의 글이 갖는 그런 매력이 하나의 이유가 되었다.

그러나 이 책이 갖는 진정한 매력은 그 기획과 내용에 있다. 이 책은 단지 기독 작가와 그의 작품을 소개하는 데 그치지 않는다. 오히려 시간과 공간을 뛰어넘어, 그 기독 작가가 숨 쉬고 고민하던 현장으로 독자를 이끈다. 그 문학작품이 태어난 고향을 찾아가서 그 속에 흐르고 있는 원저자의 마음과 대화하게 해 주는 것이다. 그래서 책만 읽어서는 결코 전달될 수 없는 분위기를 공감하게 만든다. 이 책에 소개된 모든 책을 읽고 싶다. 아우구스티누스의 음성이 들리는 듯하다. "그 책을 집어라. 읽어라."

김남준 목사(열린교회 담임)

　　과거와 현재를 넘나들면서 취재 대상을 좇아 사면팔방 헤집고 다니느라 엔간히도 발품을 팔았을 그 노고가 눈에 선하다. 가로세로 치밀하게 엮인 그 문조(文藻)에 한참 이끌리다 보면, 좀 엉뚱한 비유 같긴 하지만, '산티아고 데 콤포스텔라'로 향하는 길이 언뜻 떠오른다. 사도 야곱의 순교 행적을 밟고 걷는 그 유명한 순례자의 길 말이다.

　　이지현 기자가 반듯하게 닦아놓은 '기독문학기행'을 따라 발맘발맘 걷노라면 우리 믿음의 선진 세대가 구축한 감동의 성채와 미학의 구조물을 곳곳에서 마주치게 된다. 온갖 악조건과 고통 가운데서도 그분들이 은사로 받은 필력과 소명의식을 통해 말씀과 가르침을 형상화하는 작업에 얼마나 치열하게 헌신했던가를 깨닫게 된다. 그리고 우리 모두는 결국 창조주 하나님 앞에서 속절없는 채무자임을, 평생을 갚아도 못다 갚을 엄청난 사랑의 빚꾸러기임을 자복하지 않을 수 없게 된다.

윤흥길(소설가 · 대한민국예술원 회원)

문학인의 눈으로 본 예수와 세상은 신비한 아름다움을 머금은 수채화다. 이 책은 독자로 하여금 저자가 만난 작가의 작품과 함께 그 작품을 탄생케 한 현장과 숨결을 느끼게 한다. 저자는 수려한 글 솜씨를 뽐내기 보다는 자신만의 담백함을 담았다. 자의적 해석의 위험을 뒤로하고 선배 문학가의 작품세계와 숨결을 오롯이 전한다. 서론이 본론보다 빛나서는 안 되는데 작품보다 자신이 더 화려하게 빛나지 않으려는 저자의 겸손함이 엿보인다.

죄악으로부터 구원받은 인류에게 두 번째 구원인 '관점 구원'이 필요하다. 문학가의 관점을 신비롭게 바라만 보던 나를 저자는 신비를 벗겨 일상으로 초대했다. 저자의 눈과 마음으로 함께 현장에 서 있게 했다. 추천사를 위해 책을 속독 하다가 이내 정독했다. 이 책의 쉼표와 느림의 미학에 빠졌기 때문이다. 책 속의 문학가들은 스치는 바람에서 하나님을 느끼고, 상실의 아픔에서 하나님의 슬픔을 담아냈다. 불신과 의심의 철조망에 갇혀 구원을 봤다. 후덥지근한 날에는 저자와 함께 소나기를 뚫고 양평 원두막에서 황순원을 만나고 싶다. 그리고 그가 그토록 사랑했던 그녀 이야기를 듣고 싶다.

'동주에서 아야코까지'는 메마른 땅의 단비와 같이 메마른 가슴을 적셔주는 아름다운 책이다. 하여, 사랑하는 모든 사람에게 강력하게 추천한다.

안성우 목사(일산 로고스교회 담임)

우리는 작가야말로 신의 침묵을 탐색하는 사제라고 비유할 수 있는데, 이 말은 신이 역사 안에서 간단치 않은 침묵과 기다림으로 자신의 모습을 드러낸다는 뜻을 함축한다. 이지현 기자는 이러한 신성의 추구와 탐색을 그치지 않았던 작가들을 통해 이성만으로는 가 닿기 어려운 초월성을 문학의 중요한 영역으로 끌어들이고 있다. 그는 하이데거(M. Heidegger)가 인용한 횔덜린(F. Hölderlin)의 질문 "신이 부재한 시대에 시인은 무엇을 할 것인가?"에 대한 응답으로, 이처럼 밀도와 심도를 갖춘 '발로 뛴 문학사'를 쓴 것이다. 이는 기독교문학이 그 성층(成層)을 두텁게 해온 숨김없는 역사이자, 위대한 기독교문학의 원형들에 대한 진중하고도 훤칠한 탐사의 기록으로 남을 것이다.

유성호(문학평론가·한양대학교 국문과 교수)

서문

'영혼의 씨눈'이 떨어질 때
비로소 보이는 것들

지난 2016년부터 2017년까지 기독 문인들의 삶과 문학 이야기를 담은 '기독문학기행'을 취재하기 위해 이들이 살았던 공간이나 작품 속 배경이 됐던 곳을 찾아다녔다. 자료를 찾고 취재를 하면서 그동안 알고 있던 그들의 삶보다 훨씬 많은 이야기가 남겨져 있다는 것을 발견했다. 그것은 마치 사진을 인화할 때 피사체가 서서히 드러나는 것 같았다.

기독 문학인들에겐 '영적 저수지'가 있었다. 그곳은 이들이 태어나서 성장하거나 삶의 중요한 시기를 보낸 곳이기도 하며, 이들이 한때 머물며 작품을 썼던 공간이었다.

'고독의 시인' '눈물의 시인'으로 불리는 김현승이 자신의 '문학의 발원지'라고 했던 광주시 양림동은 근현대의 시간이 절묘하게 조화를 이루는 공간이었다. 김원일의 소설 '마당 깊은 집'의 무대가 된 대구 장관동 골목길은 전쟁이 막 끝난 1954년 그 무렵의 시간과 조우하는 시간이었다. 평생의 문우로 살았던 소설가 김동리와 시인 박목월이 함께 거닐던 경주 황성공원, 12살의 나이 차이를 넘어 서로를 존경했던 아동 문학가 권정생과 이오덕이 머물던 경북 안동의 토담집과 충북 무너미 마을, 김승옥의 소설 '무진기행'의 배경이 된 순천만 등은 오래 기억에 남았다.

매일 소나기가 내리는 마을이 경기도 양평에 있다는 사실도 알게 됐다. 황순원 문학관이 있는 '소나기 마을'엔 정해진 시간에 인공 소나기가 내린다. 소나기를 피해 이리저리 뛰어 다니다 보면 양산같이 생긴 노란 마타리 꽃을 들고 웃는 소녀의 보조개, 소녀를 업고 불어난 도랑물을 건너는 소년의 모습이 저절로 그려진다. 고정희 시인의 전남 해남 생가 뒤편, 해송들이 군락을 이룬 '송정 소나무숲 길'에선 자유를 향해 시심을 불태운 시인의 마음이 느껴진다. 경남 통영 서호동 99계단을 오르면서 김춘수 시인의 시 '산보길'을 떠올리기도 했다. "어떤 늙은이가 내 뒤를 바짝 달라 붙는다. 돌아보니 조막만한 다 으그러진 내 그림자다. 늦여름 지는 해가 혼신의 힘을 다해 뒤에서 받쳐주고 있다." '마음의 쉼표'를 찍고 영성도 함께 누릴 수 있는 장소들이었다.

가장 기억에 남는 곳은 '복음증명의 문학'을 추구했던 일본의 소설가 미우라 아야코의 흔적을 찾기 위해 2017년 3월 말, 방문한 일본 홋카이도. 그곳의 겨울은 길고도 추웠다. 사람의 키만큼 쌓인 눈은 벚꽃이 필 무렵에야 녹기 시작한다고 했다. 미우라 아야코의 고택을 그대로 옮겨 놓은 시오카리고개기념관은 폭설로 겨울엔 휴관했으나, 미리 취재를 요청해 관리인의 안내로 기념관을 둘러 볼 수 있었다. 관리인은 감사하게도 무릎까지 쌓인 눈을 치워 기념관 앞까지 길을 만들어 주었다.

지나가는 나그네가 문설주 한 귀퉁이에 새겨놓은 뜻 모를 낙서조차 의미로왔다. 윤동주 시인이 산책을 즐겼던 서울 종로구 청운동 수성동 계곡, 순진무구한 웃음을 짓는 천상병 시인을 떠올리게 하는 서울 노원구 상계동 천상병 산길, 연둣빛 봄바람이 일렁이는 경주, 폭염주의보가 내려진 안성 사갑들판, 항구가 지근거리인 통영, 안개의 도시 순천, 절연의 섬이던 소록도와 거제도, 소설 '빙점'의 배경이 된 일본 아사히카와, 아시아의 지성

린위탕(임어당)의 흔적이 있는 대만 타이베이 양명산 등을 찾았다. 37명의 문인의 삶과 문학을 국민일보에 연재했고 이 중 28명을 이 책에 담았다.

　이들이 한때 머물렀던 공간을 찾았을 땐, 시공이 넘나드는 듯했다. 사상과 삶이 결집한 문학의 결정체를 만났을 땐 '깊은 곳이 깊은 곳에' 말하게 했다. 이들은 작품을 통해 치열하게 기독 사상을 전하고 싶어 했다. 작품은 인간의 삶 전체를 지배하고 있는 예수의 정신이 어떻게 현실에 구현되고 있는지에 대한 시선이었다. 그들은 사물의 본질과 신의 섭리를 보기 위해서 영혼의 눈을 떠야 한다고 생각했다. 자신의 믿음을 종교라 부르지 않았다. 기독교라고 이름하지도 않았다. 생명이신 분, 사랑이신 분, 하나님이 아버지이심을 믿는 믿음일 뿐이라고 했다. 그저 영혼의 씨눈이 떨어지자 생명이 존귀함이 보였고, 창조의 아름다움이 보였으며 이웃이 보였다고 고백한다. 황금찬 시인은 "시는 신을 기억하는 작업"이라고 말했다. 남들이 다 잠든 때 홀로 깨어 드리는 기도처럼 신앙의 시는 기도의 마음이란 것이다. 이런 문학가의 묵직한 육성을 만날 땐 둔탁한 뭔가에 한대 얻어맞은 느낌이었다.

　"작품다운 작품을 쓰지 못할 바엔 오히려 안 쓰는 편이 낫다는 작가적 양심이 그저 쓰고 싶다는 욕심 앞에 제발 무릎을 꿇지 않기를 바라고 있다. 작가의 의식은 언제나 깨어 있어야 한다. 무의식의 세계를 그릴 때도 작가는 그걸 분명히 의식하고 있어야 한다." 작품에 단 두 줄을 쓰기 위해 하루를 소비해 답사하고 생각날 때마다 메모지에 빽빽하게 썼던 소설가 황순원이 남긴 말이다. 그는 대패질을 하는 시간보다 대팻날을 가는 시간이 길었던 장인이었다.

　작가들은 시대의 아픔을 작품의 살과 뼈로 삼았다. 고난을 하나님의 도움으로 극복하려는 의지를 문학적으로 형상화했다. 작품을 통해 고난을 극복하고 이웃을 사랑하는 그리스도의 정신을 전했다. 이런 정신은 민족의 아픈 역사와 가난이란 굴레 속에서 꺼지지 않는 희망의 빛이 됐다. '감수성의 혁명'이란 찬사와 함께 1960년대 문학의 반짝이는 별이었던 소설가 김승옥은 "소설가란 스스로 이것이 문제다고 생각하는 것에 봉사해야지 어느 무엇에도 구속당해서는 안 된다. 권력자나 부자의 눈치를 살펴도 안 되고 동시에 힘없고 가난한 사람의 비위만 맞춰도 안 된다. 모든 것으로부터 자유로워야 하며 다만 스스로의 가치에 비추어 문제가 되는것에 자신을 바쳐야 한다"고 말했다.

그들의 문학은 시대의 정신이었고 살아있는 신앙고백이었다. 고난을 두려워하지 않고 함께 살아간 이들에게 더 없는 존경과 경의를 보낸다. 그 이름에 경의를 표하며 이름 하나 하나를 다시 불러 보고 싶다. 윤동주, 미우라 아야코, 김현승, 박목월, 박두진, 권정생, 황금찬…. 형언할 수 없는 감동으로 벅차오르게 하기도, 하나님의 말씀으로 나의 가슴을 우비기도 하며 별같이 빛났던 이름들이다.

차례

1부. 우리가 좇아야 할 북극성, 예수

2부. 내가 거름이 돼 별처럼 고운 꽃으로 피어난다면

3부. 깊은 마당 벗어나 높은 하늘 바라볼 수 있었다

4부. 희망으로 닦는 구두는 닳지 않는다

1부

우리가
좇아야 할
북극성, 예수

시대의 폭력 앞에
스러진 젊음…
그 영혼 앞에 부끄럼은 없는가

'시인의 언덕'으로 올라가는 나무 계단

"아침식사 전에는 누상동 뒷산인 인왕산 중턱까지 산책을 했다. 세수는 산골짜기 아무데서나 할 수 있었다. 방으로 돌아와 청소를 끝내고 조반을 마친 다음 학교로 갔다. 하학 후에는 충무로 책방들을 순방했다. 신간 서점과 고서점을 돌고 나면 후유노야도나 남풍장이란 음악다방에 들러 음악을 즐기면서 새로 산 책을 들춰보기도 했다. 또 걸어서 적선동 유길서점에 들러 서가를 훑고 나면 거리에는 전깃불이 켜져 있을 때가 된다."(정병욱의 '잊지 못할 윤동주의 일들' 중에서)

수성동 계곡을 둘러싼 공원은 아담했다. 10~15분이면 한 바퀴 돌아볼 수 있다. 계곡 위로 끝까지 올라가면 인왕산 스카이웨이와 만난다. 큰길 하나를 건너면 인왕산 등산로와 연결되고, 스카이웨이를 따라 걷다 보면 정자를 하나 지나 '윤동주 시인의 언덕'이 이어진다. '서시'가 새겨진 시비 너머로 서울 시내가 그림처럼 펼쳐졌다.

윤동주문학관 제2전시실 '열린 우물'

"죽는 날까지 하늘을 우러러/ 한 점 부끄럼이 없기를, / 잎새에 이는 바람에도/ 나는 괴로워했다 오늘밤에도 별이 바람에 스치운다."

'영혼의 가압장' - 봉인된 기억이 흐른다

시인의 언덕 아래 윤동주문학관이 모습을 드러냈다. 버려진 청운수도 가압장과 물탱크를 개조해 만든 문학관의 모티브는 우물이다. 가압장은 느려지는 물살에 압력을 가해 다시 힘차게 흐르도록 도와주는 곳이다. 세상사에 지쳐 타협하면서 비겁해지는 우리 영혼의 물길을 정비해 새롭게 흐르도록 한다는 의미에서 윤동주문학관은 '영혼의 가압장'처럼 다가왔다.

문학관은 3개의 전시실로 구성돼 있다. 윤동주 시인의 일생을 담은 사진 자료와 친필원고의 영인본 등이 전시된 제1전시실에서 묵직한 철문을 열고 나오면 물때 낀 벽면과 하늘이 감싸 안은 '열린 우물'이 나온다. 열린 우물 안쪽으로 팥배나무가 가지를 드리웠다. 제2전시실은 물탱크로 이용됐던 공간의 윗부분을 개방해 중정(中庭)으로 조성한 곳이다. 윤동주 시인의 시 '자화상'을 자연스럽게 떠올리게 만든다. 그가 오랫동안 서서 바라보던 우물은 어떤 모습이었을까. '우물 속에는 달이 밝고 구름이 흐르고 하늘이 펼쳐지고/ 파아란 바람이 불고 가을이 있고 추억처럼 사나이가 있습니다.'

제3전시실은 '닫힌 우물'이다. 또 다른 물탱크를 개조해 천장은 물론 사방이 막힌 전시실이다. 천장에서 흘러내려오는 한 줄기 빛만 존재하는 '닫힌 우물'은 윤동주가 생을 마감한 일본 후쿠오카 형무소를 연상시킨다. 물탱크로 한줄기 햇빛이 흘러들어온다. 우물은 텅 비어 있다. 닫힌 우물에서는 동주의 삶을 담은 짧막한 영상물만 하루 네 차례 상영된다. 채우기보다 비움을 택한 공간에서 시인의 삶을 더 깊게 느낄 수 있다. 형무소에 갇힌 채 29세의 나이로 삶을 마감해야 했던 시인의 마지막 순간이 봉인되었던

윤동주문학관 제3전시실 '닫힌 우물'

기억의 상자 속에서 빠져나오는 듯했다.

닫힌 하늘 - 침묵하는 신에 대해 항명하다

'슬퍼하는 자는 복이 있나니/ 슬퍼하는 자는 복이 있나니/ 슬퍼하는 자는 복이 있나니/ 슬퍼하는 자는 복이 있나니/ 슬퍼하는 자는 복이 있나니/ 슬퍼하는 자는 복이 있나니/ 슬퍼하는 자는 복이 있나니/ 슬퍼하는 자는 복이 있나니/ 저희가 영원히 슬플 것이오.'('팔복')

침묵. 하나님께서 자신의 백성에게 주는 가장 힘든 고통이 아닐까. 하나님은 우리가 고통당할 때 함께 아파하시기 때문이다. 윤동주는 기독교 가정에서 태어나 유아세례를 받았고, 자라면서 한 번도 교회를 등진 일이 없었다. 그랬던 그가 1940년 연희전문학교 3학년 때 깊은 신앙의 회의에 빠진다. 민족의 말을 빼앗기고, 겨우 남은 껍데기였던 성과 이름마저 벗기고, 노예처럼 잔인하고 사악한 폭력에 굴하는 무력한 자신과 동족을 보면

'시인의 언덕'과 윤동주 詩碑

서 침묵하는 하나님에 대해 절망했다. 절망감은 그의 신앙을 바닥에서부터 흔들었다.

그가 연희전문학교에 입학한 1938년은 일제가 국가총동원법을 조선에 적용해 한민족 전체를 전시총동원체제의 수렁으로 몰아넣던 때였다. 그의 고뇌와 번민은 깊어갈 수밖에 없었다. 1939년 한 해 동안 쓴 시는 6편에 불과했다. "왜 하나님은 우리 민족에게 이런 고난을 주는 것인가." 그는 민족의 처절한 수난에도 아무런 응답 없이 침묵을 지키는 신에게 항명했다. 1940년 12월쯤 쓴 '팔복'은 마태복음 5장 3~12절을 근거로 한다. 그러나 성경이 말하는 '팔복'과 상이하다. '슬퍼하는 자는 복이 있나니'를 여덟 번 되풀이함으로 성경이 분류한 '심령이 가난한자, 애통한 자, 온유한 자, 의에 주리고 목마른 자, 긍휼히 여기는 자, 마음이 청결한 자, 화평케 하는 자, 의를 위하여 핍박을 받은 자'를 대치했다. 이 여덟 가지 미덕을 가졌다 해도 한민족인 이상 모두 슬퍼하는 자일뿐이라고 절규한 것이다.

'투르게네프의 언덕'에는 기만적인 싸구려 이웃사랑에 대한 날카로운 풍자가 담겨 있어 그의 내면의 풍경을 짐작할 수 있다. 한민족이 겪고 있는 처참한 고난의 현장에서 그런 고난에 대해 침묵하고 있는 신에게 항명한 시였다.

열린 하늘 - 삶의 주춧돌을 만들다

하나님은 가끔 우리에게 빵 대신 벽돌을 던져주시기도 한다. 어떤 이는 그 벽돌을 던져버리지만 어떤 이는 그 벽돌을 모아 삶의 주춧돌을 만들기도 한다. 고난을 당할 때 우리가 생각해야 할 것은 주님과 영원히 함께하고 있다는 사실을 믿는 것, 그리고 고통이 있는 곳에 그리스도가 있다는 것을 믿는 것이다. 윤동주는 하나님이 주신 벽돌을 자신의 주춧돌로 삼았다.

번민의 터널을 지나 연희전문학교 졸업반이던 1941년, 그는 내적인 방황과 자신을 짓눌렀던 역사의 무게를 시로 승화시켰다. '무서운 시간'에서 '나 아직 여기 호흡이 남아 있소'라며 살아있음을 확인하고, '간판없는 거리'에서 손목을 잡고 보듬는 따뜻한 민족 사랑을 시로 녹였다. 이어 '십자가'로 순명을 다짐했다.

'괴로웠던 사나이/ 행복한 예수 그리스도에게처럼/ 십자가가 허락된다면/ 모가지를 드리우고/ 꽃처럼 피어나는 피를/ 어두워 가는 하늘 밑에/ 조용히 흘리겠습니다.'

그는 모진 풍파 속에서 독립한 나라를 희망하는 마음으로 죽음의 나락에 빠진 민족을 사랑했고 자신에게 주어진 길을 걸어갔다.

'히라누마 도쥬'. 윤동주의 일본 이름이다. 연희전문학교 졸업 후 일본 유학을 위해서 반드시 일본식 이름으로 바꿔야 했다. 결국 그 이름으로 1942년 일본 유학길에 오른다. 그는 '별 헤는 밤'에서 별 하나에 아름다운 이름을 불러 보며 안타까워했다. '소학교 때 책상을 같이했던 아이들의 이름과 패, 경, 옥 이런 이국 소녀들의 이름과 벌써 애기 어머니 된 계집애들의 이름과 가난한 이웃 사람들의 이름과, 비둘기, 강아지, 토끼, 노새, 노루, 프랑시스 잠, 라이너 마리아 릴케 이런 시인의 이름을 불러 본다.' 그러나 그는 이름 하나 하나에 담긴 소중함을 느끼지만 죄책감을 감추지 못하고 모래로 자신의 이름을 덮어버린다. '내 이름자를 써 보고/ 흙으로 덮어 버리었습니다.'

윤동주가 진학한 릿교대학은 성공회에서 경영하는 기독교계 학교였다. 이 시절의 고뇌는 '쉽게 쓰여진 시'에 잘 드러나 있다.

윤동주문학관 전경

'인생은 살기 어렵다는데/ 시가 이렇게 쉽게 씌어지는 것은/ 부끄러운 일이다/ 육첩방은 남의 나라/ 창밖에 밤비가 속살거리는데.'

육첩방은 바로 내 나라를 빼앗아간 남의 나라이다. 그는 육첩방에 앉아 공부할 수밖에 없는 처지였다. 독립하지 못한 조국과 부모님의 도움에 기대어 공부할 수밖에 없는 자신의 상황에 부끄러움과 자괴감을 느꼈다.

이 시를 마지막으로 윤동주는 1943년 7월 일본 경찰에 체포됐다. 그는 '등불을 밝혀 어둠을 조금 내몰고 시대처럼 올 아침'을 기다렸다. 그러나 조국의 광복을 불과 6개월 앞두고 일본 후쿠오카 감옥에서 순국했다.

시 뒤로 숨는 것 같아 죄책감을 느꼈던 그가 이렇게 말하는 듯하다. "시도 자기 생각을 펼치기에 부족하지 않습니다. 사람들 마음속에 살아 있는 진실을 드러낼 때 문학은 온전하게 힘을 얻는 거고 그 힘이 하나하나 모여서 세상을 바꾸는 것입니다." 그가 노래한 시는 시대의 정신이었고 신앙 고백이었다. '내 죽는 날 아침에는 서럽지도 않은 가랑잎이 떨어질 것'이라고 예감한 그는 죽었으나 민족의 가슴에 여전히 살아 있다.

부끄러움

    윤동주 시인은 시대의 아픔을 바라보며 자신의 삶을 끊임없이 고민하고 또 고민했다. 부끄러움에 대한 고백이 작품 전반에 흐른다. '부끄러움'은 정직한 자기응시와 성찰, 양심의 또 다른 언어다.

    영화 '동주'에서 기억에 남는 두 장면이 있다. 그가 "이 엄혹한 시절에 시를 쓴다는 것이 부끄럽다"고 말하자 시인 정지용이 "부끄러움을 모르는 것이 부끄러운 것이지, 부끄러움을 아는 것은 부끄러운 것이 아니다"라고 말한 것이다. 또 한 장면은 자신이 하지도 않은 일을 꾸며대며 서명을 강요하는 일본 형사에게 동주가 절규하는 모습이다. "이런 세상에 태어나서 시를 쓰기를 바라고, 시인이 되기를 원했던 게 너무 부끄럽고, 앞장서지 못하고 그의 그림자처럼 따라다니기만 한 게 부끄러워서 서명을 못하겠습니다."

    우리는 부끄러움과 슬픔을 느끼는 감수성과 스스로 성찰할 수 있는 영혼을 잃어버리지 않았는가. 윤동주처럼 세상과 자신에 대해 끊임없이 고민할 때 세상을 바꿀 수 있을 것이다. 또 그의 성품 중 본받아야 할 점은 남을 욕하지 않았다는 것이다. 연희전문 후배였던 정병욱은 '잊지 못할 윤동주의 일들'에서 "그의 성격 중에서 본받을 일이 물론 많았지만 그중에서도 가장 본받을 장점의 하나는 '결코 남을 헐뜯는 말을 입 밖에 내지 않았다는 것'"이라고 말했다.

누구에게나 '빙점'…
하나님은 항상
손 내밀고 계신다

일본 홋카이도 삿포로에서 아사히카와로 가는 기차 안에서 바라본 설원.
미우라 아야코 문학관은 아사히카와에서 걸어서 20분 거리에 있다.

소설가 미우라 아야코/
미우라 아야코문학관〈상〉

1964년 7월 10일. 일본 아사히신문은 '잡화점의 주부, 깊은 밤 계속 글 쓰기 1년'이란 큰 제목으로 한 평범한 주부의 혜성 같은 문단 등단을 전했다. 창사 85주년 기념 1000만엔 현상 장편소설에 미우라 아야코(三浦綾子·1922~1999)의 '빙점(氷点)'이 당선된 것을 전한 것이다. 42세의 그는 당선 통보를 받고 기쁨과 흥분에 휩싸였지만 이내 차분한 표정으로 돌아가 무릎을 꿇고 기도드렸다. "내면의 점점 커지는 빛, 이 기쁨을 사람들에게 알리기 위해 글을 쓰겠습니다. 성경 말씀을 한 사람이라도 더 많은 사람에게 전하는 것을 생애 목표로 삼겠습니다."

복음화율이 1%에 지나지 않는 일본에서 여전히 많은 사람의 사랑을 받고 있는 미우라 아야코는 문학을 통한 복음의 가능성을 보여준 대표적인 작가다. 그는 인간의 참된 삶과 기독교 신앙을 담은 문학세계를 열었다. 그는 1999년 세상을 떠날 때까지 96편의 소설을 썼다. 죄와 고난을 통해 거듭나는 삶을 담았다. 그의 작품을 읽고 신앙을 갖게 된 한국인도 수없이 많다.

대표작 빙점은 인간은 누구나 죄인이지만 자신의 죄를 진심으로 깨닫고 회개하면 구원을 얻을 수 있으며, 최후까지 희망을 버리지 않는다면 어떤 고난도 이길 수 있다는 메시지를 담고 있다. 작품에 담긴 작가의 목소리는 절망에 빠진 사람들의 메마른 가슴을 적셨다. 일본 홋카이도 아사히카와(旭川) '외국수종 견본림'은 소설 '빙점'의 주 무대이다.

'빙점' = 원죄 (原罪)

눈을 뜨니 설국(雪國)이었다. 삿포로에서 아사히카와로 향하는 JR(일본철도)은 끝없이 펼쳐진 산간 지역과 평야를 2시간30분 동안 달렸다. JR 아사히카와역 동쪽 출구로 나와 빙점 다리를 건너 20분 정도 걸어가면 소설 빙점 속의 요코가 거닐던 견본림을 만날 수 있다. 견본림은 홋카이도에서 가장 오래된, 외국 침엽수를 주로 심은 인공림이다. 방쿠스 소나무, 독일 가문비, 유럽 적송 등 10여종의 나무숲이 커다란 삼림을 이루고 있다. 이름 모를 새들이 지저귀는 소리를 들으며 눈이 무릎까지 쌓이는 숲길을 걸어 이시가리강의 지류인 비에이강에 도착했다. 미우라 아야코의 소설 빙점에서 루리코가 유괴당하고 죽임을 당한 곳이다.

"요코는 한 걸음 한 걸음 깊은 눈 속을 걸어오느라고 몹시 지쳐 있었다. 간신히 숲을 빠져나오니 비에이강의 푸른 물결이 아름답게 보였다. 강바람이 뺨을 때렸다. 요코는 강을 건너 루리코가 죽임을 당했다는 강변에 도달했다. 요코는 조용히 눈 위에 앉았다. 아침 햇살에 눈이 반짝여 엷은 분홍빛을 띠고 있었다. '이렇게 아름다운 눈 속에서 죽을 수 있다니.' 요코는 눈을 꽁꽁 뭉쳐서 강물에 적셨다. 그것을 입에 넣자마자 칼모틴을 삼켰다.

아사히카와 '외국수종 견본림' 입구. 숲길을 걸어 들어가면
제방과 비에이 강을 만날 수 있다.

몇 번이나 눈을 뭉쳐 강물에 적셔서는 입에 넣은 다음 또 약을 삼키고 했다. '얼마나 괴로움을 당하면서 죽게 될까.' 만일 괴로움을 당해 죄가 없어질 수 있다면 아무리 괴로워도 무방하다고 생각하면서 요코는 눈 위에 드러누웠다."('빙점' 중에서)

아야코 문학에 의하면 빙점 안에는 사랑 원망 증오 복수 용서 등이 살아있으며, 인간 누구에게나 이러한 순간 얼어붙는 빙점이 존재한다. 인간 내부엔 이런 빙점, 원죄(原罪)가 존재한다는 것이다. 빙점은 '원죄 의식'과 함께 '인간은 어디까지 타인을 용서할 수 있는가'라는 윤리적인 주제를 담고 있다.

병원장 게이조는 평상시 '네 원수를 사랑하라'는 성경 말씀을 좌우명으로 삼을 정도로 인격자였다. 그러나 외도한 아내를 용서할 수 없었다. 아내에게 복수하기 위해 딸의 생명을 앗아간 범인의 딸 요코를 입양한다. 아내 나쓰에는 그 사실을 모른 채, 요코를 애지중지 키운다. 그러던 어느 날 남

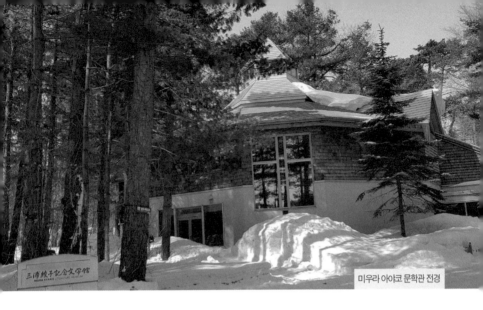

미우라 아야코 문학관 전경

편의 일기장에 적힌 요코의 태생을 알게 되면서, 요코를 증오하고 학대한다. 요코는 영문도 모른 채 엄마의 학대를 참고 견디며 아름답게 성장한다. 그런 모습에 반한 오빠 친구 기타하라의 구애를 받자 나쓰에는 요코가 유괴살해범의 딸임을 말하며 결혼을 막는다. 사실을 알게 된 요코는 그 죄의 고통을 견디지 못하고 음독, 혼수상태에 빠진다. 하지만 요코가 유괴살인범의 딸이 아님이 밝혀지면서, 나쓰에는 속죄의 눈물을 쏟는다.

요코의 마음에도 빙점이 있었다.

"저의 마음은 얼어붙었습니다. 요코의 빙점은 '너는 죄인의 자식'이라는데 있었습니다. 저는 이제 남 앞에서 얼굴을 들 수 없습니다. 아무리 작은 어린아이 앞에서도, 죄 많음을 알고 살아나갈 때야말로 참된 삶의 도리를 알 수 있을 것이라는 생각도 듭니다."('빙점' 중에서)

자신이 유괴범의 딸이란 사실을 알고 죽기로 결심한 요코가 쓴 유서의 일부 내용이다. 요코는 유괴살인범 딸이란 '주홍글씨'를 안고 살아야 하는 운명이었다. 하지만 이는 요코의 잘못이 아닌 대물림이다. 이러한 원죄의 식에 요코는 괴로워한다. 소설의 초점은 요코를 그 중심에 놓고 있다. 요코는 '자신의 죄를 용서해줄 수 있는 권위자' 메시아를 갈망하고 있음을 알 수 있다.

빛 · 사랑 · 생명

견본림 옆에 갈색과 흰색을 바탕으로 한 12각형의 2층 목조건물이 있다. 아야코를 사랑한 독자들이 전국적으로 기금을 모아 그가 작고하기 1년 전인 1998년에 세운 미우라 아야코 문학관이다. 그녀를 사랑한 독자 1만 5000여 명이 자발적으로 기부한 금액은 2억엔에 달했다. 전시실은 '빛 사랑 생명'이란 테마로 그녀가 걸어온 길을 나타내고 있다. 작가를 만나러 세계 각지에서 연간 1만5000여 명이 문학관을 찾고 있다.

문학관엔 작품과 번역본을 포함한 200여 권의 저서, 작가의 출생과 교사생활, 투병생활과 결혼, 작가가 되기 이전의 발자취가 전시돼 있다. 또 문학의 출발점이 된 소설 빙점에 대한 작품해설과 시대적 배경 등을 여러 각도에서 조명했다. 작가의 작품세계와 부부의 신앙생활을 담은 자료도

아사히카와 로쿠조교회 예배당 내부

문학관 내부에 전시된 작가의 저서와 육필 원고

볼 수 있다.

초등학교 교사였던 미우라 아야코는 재직하는 동안 제2차 세계대전의 패전을 맞는다. '천황은 신'이라고 가르쳐온 자신에게 죄책감을 느끼고 그만둔다. 가치관의 상실로 인한 허무감으로 이중 약혼을 한다. 그런 그에게 마치 벌이라도 내리듯 당시에는 불치병이었던 폐결핵이 찾아왔다.

1946년 6월 1일 갑작스러운 고열로 병상에 누운 그는 '무엇 때문에 인간이 사는가' '그것을 알지 못하는 인생에 무슨 확실한 기쁨이 있을까'라는 상념으로 빈집처럼 스산하고 허무한 시간을 보내야 했다. 깁스베드에 누워 지내던 그는 손거울을 통해서만 창밖 풍경을 볼 수 있었다. 매일 천장을 바라보며 죽음의 공포와 싸웠다. 24세부터 결혼하기 전 37세까지 13년 동안 침대 위에서 지낸 셈이었다. 어떻게 그가 병을 이겨낼 수 있었을까. 그것은 신앙의 힘이었다.

병상세례 후 모든 게 달라졌다. 1952년 7월 5일 병상에서 세례를 받았다. 미우라 아야코는 세례를 받은 후 성경을 읽지 않은 날이 거의 없었다. 특히 하나님 앞에 노출된 인간의 죄에 주목하면서 글을 쓰기 시작했다. 죄 많은 인간의 모습을 안다는 것은 곧 하나님의 높고 맑은 사랑을 아는 것이었다. 병상의 습작은 등단의 밑거름이 됐다.

그는 세례 받은 후 마음속에서 밝은 빛이 커져가고, 그로 인해 참을 수 없는 기쁨을 맛보게 됐으며, 이를 다른 사람들에게 알리고 싶어 했다.

"우리가 하나님을 믿든 믿지 않든, 하나님은 종일 우리들에게 손을 내밀고 계십니다. 그 사랑을 깨달은 사람은 '자 하나님 쪽을 보세요. 당신은 이제 고민할 것도 눈물을 흘릴 일도 없답니다'라고 말하지 않고는 견딜 수 없답니다."(자전소설 '길은 여기에' 중에서)

복음 증명의 문학

"만일 나에게 성경이 없었고 알지 못했다면 지금쯤 어떤 생활을 하고 있었을까 생각해본다. 성경으로 비춰본 내 자신은 너무나 보잘것없고 상처뿐이며 추악한 것이다. 그처럼 보잘것없고 추악한 상처뿐인 나를 용서해 주고 사랑하며 받아들여 주신 예수님의 사랑을 작품에서 그려내기 위해 노력할 것이다."

생전에 그가 이렇게 말해 왔듯이 그의 작품엔 자전적 성격과 복음 증거의 내용이 많다. '빛이 있는 곳에' '길이 있는 곳에' 등의 작품 속에서 예수 그리스도가 어떻게 사랑을 베푸시고 있는지 증거하고 있다. 그래서 그의 문학은 '복음 증명의 문학'으로 불리기도 한다.

미우라 아야코가 다녔던 로쿠조교회 전경

문학관에서 나오니 빙점 속 게이오 원장이 살았을 듯한 단층주택들이 보였다. 또 요코가 아사히카와 시내로 나갈 때 버스를 기다리던 정류장, 요코가 다니던 초등학교 등 작품 속 장소들이 견본림과 시내 중심에 있는 기차역, 시외버스 터미널 사이에 거의 모두 있다.

나가모토 아유미 문학관 학예사와 '빙점'
"살다가 지치고 슬플 때 읽기를 권합니다"

"미우라 아야코는 젊었을 때 고독과 허무를 경험하고 자살을 꾀한 적도 있습니다. 그러나 암담한 시기에 자신에게 손을 내밀어주는 존재, 즉 하나님이 있다는 것을 알았습니다. 그는 '모든 인간은 하나님의 사랑을 받고 있는, 둘도 없는 존재'란 사실을 소설과 수필을 통해 계속 전파해 왔습니다."

일본 홋카이도 아사히카와 미우라 아야코 문학관에서 만난 나가모토 아유미 학예사는 "소설 '빙점'은 일본에서는 소수에 속하는 크리스천인 미우라 아야코가 전도를 위해 썼다고 공언한 것 때문에 일본 현대문학계에서 크게 인정받지 못했다"고 말했다.

그러나 그는 빙점이 '속(續) 빙점'을 포함해 일본에서 800여만부 이상 팔렸고, 2013년에는 가도카와(角川) 발행문고의 '필독명작' 가운데 1위를 차지했다고 전했다. 그는 이 작가를 모르는 젊은 세대가 더 늘고 있어 문학관에서는 미우라 아야코의 문학을 소개하는 기획 전시와 콘서트를 하고 있으며, 미우라 아야코 문학과 관련 있는 지역을 돌아보는 안내버스도 운행하고 있다고 했다.

그는 살다가 지치고 슬플 때 미우라 아야코의 책 읽기를 권했다. "미우라 아야코가 좋아했던 '소망이 우리를 부끄럽게 하지 아니함은 우리에게 주신 성령으로 말미암아 하나님의 사랑이 우리 마음에 부은 바 됨'(롬 5:5)이란 말씀이 생각날 것입니다."

눈 고개에 떨어진 밀알 하나,
열매를 맺다

소설가 미우라 아야코 / 시오카리고개기념관⟨하⟩

'한 알의 밀알'이 된 나가노 마사오 추모비 앞으로 기차가 폭설을 뚫고 지나가고 있다. **고다 도시유키 제공**

일본 홋카이도의 겨울은 춥고 길다. 사람의 키만큼 쌓인 눈은 벚꽃이 필 무렵에야 녹기 시작해 3월 말에도 그곳은 설국이다. 아사히카와 역에서 출발한 기차는 시오카리 고개에 다다르자 제 속도를 내지 못하고 숨이 찬 듯 거친 엔진소리를 냈다.

"기차는 지금 시오카리 고개의 꼭대기 가까이에 와 있었다. 시오카리

고개는 데시오 지방과 이시가리 지방의 경계로 큰 고개다. 아사히카와에서 북쪽으로 약 30㎞ 지점에 있었다. 깊은 삼림 속을 몇 번이고 굽이돌아 넘는 무척 험한 고개로 기차는 산기슭에 있는 역에서부터 힘겹게 오르는 곳이다."(미우라 아야코의 소설 '설령' 중에서)

시오카리역사 안으로 열차가 진입 하고 있다.

시오카리 고개는 미우라 아야코의 소설 '시오카리 고개'의 배경이 된 장소다. 일본인 사이엔 '빙점' 못지않게 이 소설이 많이 알려졌다. 국내엔 '설령(雪嶺)'이란 제목으로 번역 출간됐다. 시오카리 역사 뒤편 언덕으로 시오카리고개기념관(미우라 아야코 고택)이 아련하게 보였다.

한 알의 밀알이 된 청년

소설 '시오카리 고개'는 열차 승객의 목숨을 구하기 위해 순직한 신실한 크리스천 철도직원의 생애를 기독교적 관점으로 그렸다. 기독교에 거부감을 느꼈던 주인공이 복음을 받아들이는 과정과 죽음이란 크나큰 희생으로 생을 마감한 이야기는 깊고도 강렬하다.

미우라 아야코의 고택을 그대로
옮겨 놓은 시오카리고개기념관

소설의 실제 인물 나가노 마사오(長野政雄·1880~1909)는 국철 아사
히카와 운수사무소의 서무주임이었다. 1909년 2월 28일, 철도부직원 기독
교청년회를 조직해 주일에 각 역을 순회하며 전도했던 그는 나요리 지역
순회전도를 다녀오던 길이었다. 그가 탄 열차가 시오카리 고개의 급경사
지에 진입했을 때 객차의 연결고리가 풀려 열차가 반대방향으로 폭주하기
시작했다. 속도가 점점 빨라져 전복될 위험에 처해졌다. 그는 재빨리 열차
승강구 발판 쪽으로 뛰어가 핸드 브레이크를 잡아당겨 기차의 속도를 겨
우 줄였다. 그러나 속도는 더 이상은 줄지 않았다.

"점점 급커브가 육박해 오고 있었다. 다시 폭주하면 기차는 틀림없이
전복한다. 여러 개의 급커브가 치례차례 기다리고 있었다고 노부오는 판

단했다…노부오의 손은 핸드브레이크에서 떨어졌다. 그 몸은 철로를 향해 날았다. 기차는 맥없이 삐거덕 소리를 내며 노부오의 몸 위로 기어올랐다. 마침내 기차는 완전히 정지했다."('설령' 중에서)

사람들에게 잘 알려지지 않았던 이 이야기는 1968년 미우라 아야코의 소설로 세상에 알려졌다. 나가노 마사오는 소설 속 주인공 나가노 노부오로 다시 태어났다. 작가는 작품을 통해 당시 이 사건이 기독교 복음 전파에 영향을 미쳤다고 말한다.

"기독교 신자가 되면 사람 취급도 하지 않던 시대였다. 그러나 노부오의 죽음은 그런 몽매함에서 사람들의 머리를 열어주는 역할을 했다. 그뿐만이 아니고 아사히카와, 삿포로를 중심으로 한 철도원 직원 몇 십 명이 기독교에 입교했다."('설령' 중에서)

미우라 아야코가 나가노 마사오를 알게 된 것은 1964년 7월 초였다.

"로쿠조교회의 후지하라 에이기치씨 댁을 방문했을 때, 그가 신앙수기를 보여주었다. 나가노 마사오의 생애가 기록돼 있었다. 나는 나가노 마사오의 위대한 신앙 앞에 납작하게 되도록 한바탕 얻어맞은 느낌을 받았다. 깊고도 강렬한 감동이었다."('설령' 작가 후기 중에서)

문학의 산실, 시오카리고개기념관

시오카리고개기념관은 미우라 아야코가 '빙점'을 비롯해 '시오카리 고개' '길이 있는 곳에' 등 초기 대표작을 집필한 집이다. 작가는 결혼 후 1961

년 아사히카와 도요오카 2조 4가에 이 주택을 건축해 10년 동안 살았다. 1971년 새 주택으로 이사한 후 옛집을 교회에 기증했다. 교회 전도관과 목사관으로 사용됐던 구주택이 1999년 이곳에 복원된 것이다.

기념관을 안내해 준 고다 도시유키(42·북도신문 기자)씨는 "노후된 주택이 철거되는 것을 안타까워한 미우라 아야코의 팬들이 주택복원위원회를 조성해 작가의 작품 중 가장 많이 알려진 '시오카리 고개'의 배경이 된 이곳에 주택을 복원하게 됐다"고 설명해주었다.

기념관 1층은 미우라 아야코가 무명 시절, 밤에는 글을 쓰고 낮에는 생계를 위해 운영하던 잡화점을 재현했다. 잉크, 연필, 노트, 과자, 기름 등이 1960년대 생활상을 떠올리게 했다.

"결혼 후 잡화점을 열었다. 밤 10시에 가게 문을 닫고 그날의 매출을 정리한 후 새벽 2시까지 글을 썼다."('이 질그릇에도' 중에서)

미우라 아야코가 남편 미우라 미쓰요와 서재에서 대화하는 모습.

상점 안쪽으로 석탄난로가 놓인 거실 테이블에 부부 찻잔이 놓여 있다. 늘 손잡고 기도했던 부부의 모습이 그려졌다.

"업무상 두 사람은 항상 함께 있다. 취재, 여행도 함께 하고 산책도 함께 한다. 20여년 넘게 구술필기를 하고 있는 우리는 한 책상에 마주 앉아 일한다."('마음이 있는 집'에서)

나무 계단을 밟고 2층으로 올라갔다. 미우라 아야코 문학의 산실인 서재는 아야코와 남편 미쓰요의 직장이었다. 서재 테이블엔 원고지와 잘 깎인 연필이 있다. 작가는 추위가 극심한 겨울엔 이불을 뒤집어쓰고 '빙점'을 써내려갔다. 작가는 하루를 시작하며 기도했을 것이다.

"나는 아침에 일어나면 먼저 무엇을 생각할까? 아. 오늘은 나의 마지막

미우라 아야코문학관 내부

날이 될지 모른다. 하지만 하나님께서는 오늘 하루도 잘 보살펴 주시겠지요. 하나님에게 모든 것을 맡기겠으니 잘 부탁드립니다. 이렇게 기도합니다."('영원한 약속' 중에서)

무엇보다 눈길을 끈 것은 휴지통에 쓰인 '감사'라는 글씨였다. 투병 중에도 감사했던 그는 휴지를 버릴 때조차 감사를 묵상했던 듯하다.

"나는 난치병 파킨슨병에 걸렸다. 몸 상태는 의자에서 일어서기도 어려울 정도였다. 밤에 혼자 화장실에 가지도 못하고 서너 번씩이나 미우라를 깨워서 도움을 받았다."('작은 한 걸음부터' 중에서)

"주위 사람들의 사랑, 몇몇 친구들, 은사, 그리고 무엇과도 바꿀 수 없는 미우라 미쓰요 아니 그보다도 먼저 이 생명을 주신 구세주 예수 그리스도의 사랑. 이렇게 생각해보면 나의 병상생활은 보물 덩어리였다."('삶을 주시는 하나님' 중에서)

2층 서재 옆엔 나가노 마사오 기념실이 있다. 영화와 소설로 만들어진 '시오카리 고개'의 관련 자료를 볼 수 있고 미우라 아야코가 낭독한 소설 '시오카리 고개'를 들을 수 있다. 시오카리고개기념관의 게시판에 적혀 있는 "한 알의 밀이 땅에 떨어져 죽지 아니하면 한 알 그대로 있고 죽으면 많은 열매를 맺느니라"(요 12:24)는 말씀을 묵상한 후 기념관 밖으로 나왔다. 기념관 인근에 세워진 나가노 마사오의 추모비가 시오카리 기차역을 바라보고 있었다. 오늘도 변함없이 기차는 시오카리 고개를 오르내릴 것이다. 이 고개를 넘는 많은 여행자들이 그리스도의 종으로 충실하게 살았고 충실하게 죽은 나가노 마사오를 기억하길 바라본다.

"이 고개를 넘을 때 나가노 마사오씨를 추모해 주었으면 한다. 그리고 그가 설날마다 새로 써서 몸속 깊이 간수하고 다녔던 유언 '나는 여러 형제 자매들이 내 죽음으로 인해 하나님께 가까이 나가, 감사의 참뜻을 맛보기를 기도한다'는 말을 가슴 속에 새겨두었으면 한다." ('설령' 작가 후기 중에서)

승객의 생명을 위해 자신을 희생한 나가노 마사오의 이야기는 기독교 신앙을 갖고 있는 모든 사람들에게 예수 그리스도의 십자가 사랑을 묵상하게 한다.

"하나님, 제 생명 그녀에게 주어도 좋습니다."
미우라 아야코·미우라 미쓰요 부부, 병도 가르지 못한 지고지순한 사랑

"내가 병을 앓는 동안, 미우라 미쓰요는 나 아닌 다른 사람과는 절대 결혼하지 않겠다며 기다려 준 것이다. 1주일에 한 번은 꼭 병문안을 와 주었고 함께 기도해 준 미우라였다. 그리고 마침내 나는 병을 치료하고 결혼할 수 있었다."('이 질그릇에도'에서)

미우라 아야코와 미우라 미쓰요 부부의 지고지순한 사랑은 유명하다. 아야코를 세 번째 만난 날 미쓰요는 "하나님 제 생명을 그녀에게 주어도 좋습니다. 그녀를 낫게만 해 주세요. 3일만이라도 함께할 수 있다면 결혼하겠습니다"라고 기도했다. 이 기도가 아야코의 마음을 움직였다. 두 사람은 1959년 5월 24일 아사히카와의 로쿠조교회에서 결혼식을 올렸다.

작가는 1992년 다시 병상생활을 시작했지만 투병 중에도 남편과 함께 교회에 출석했다. 그는 아침에 일어나면 남편과 함께 구약성서 3장, 신약

성서 1장을 읽었다. 성경을 읽고나면 남편이 아내의 건강과 집필을 위해, 이웃을 위해 기도했다. 이들에게 기도는 하나님과의 대화였다.

남편 미우라 미쓰요는 아야코의 집필을 돕기 위해 공무원 생활을 정리하고 병상에 있는 아내의 손이 돼 구술집필을 도왔다. 남편은 83권의 책 중 70권을 구술 집필했다. 1967년 '시오카리고개'를 쓸 때부터 30여 년 동안 충실한 비서로 지냈다. 사랑이 없으면 도저히 불가능한 일이었다.

미우라 아야코는 고통에는 하나님의 뜻이 있다고 믿었다. 고통을 통해 주님의 구원의 빛을 더 잘 드러낼 수 있다고 생각했다. 고난이 내게 유익이라는 성경 말씀을 실천했다. 또 죽는 것은 내게 주어진 최후의 사명이라고 말했다. 그는 병으로 잃게 된 것은 건강뿐이라고 생각했다. 신앙도 얻었고 다시 바꿀 수 없는 남편도 얻었고 소설을 쓰는 즐거움도 얻었기 때문이다.

"인생을 살다보면 순조로울 때도 있고 불우할 때도 있다. 불행해 보일 때도 있고 행복해 보일 때도 있다. 어느 쪽이든 절망할 필요도 없으며 기뻐할 필요도 없다. 빛은 언제나 우리 바로 곁에 있다고 믿고 싶다."('작은 한 걸음부터' 중에서)

너와 나의 아픔
일치시킬 때, 비로소 천국

소록도 벽돌공장 굴뚝 자리에 세워진 십자가상.

소설가 이청준/소록도

거센 바닷바람 때문인지 소록도 해변의 나무들은 섬 밖을 향해 깃발처럼 펄럭이고 있었다. 하루빨리 완치돼 가족들에게 돌아가고픈 이들의 애절함을 전해주는 듯했다. 전남 고흥의 끝자락 녹동항에서 600m 떨어져 있는 소록도. 지형이 작은 사슴을 닮았다고 해서 소록도란 예쁜 이름을 가진 이곳은 한때 '사자(死者)의 섬'으로 불렸다.

현대 소설문학에 큰 발자취를 남긴 미백(未白) 이청준(1939~2008)의 대표작 '당신들의 천국'(1976)의 배경이 된 소록도. 국립소록도병원이 있는 이곳은 누가 혹시 알아볼까 가족에게도 감염 사실을 숨기고 살아야 했던 한센인들의 아픔이 있는 곳이다. 섬의 면적은 3.68㎢(111만 평) 정도로 작지만 깨끗한 자연 환경과 해안 절경, 신비로운 식물 등으로 낙원처럼 평화로워 보였다.

이청준은 '낮은 데로 임하소서' '벌레이야기' '당신들의 천국' '행복원 예수' 등에서 사랑과 용서, 화해 등 기독교적인 신앙고백을 담아냈다. 인간 구

원에 대한 깊은 성찰로 기독교의 본질과 역할을 고민하게 한 작품을 통해
그는 우리나라 기독교 문학을 한층 윤택하게 만들었다는 평을 받고 있다.

수탄장의 눈물 - 천국에는 울타리가 없다

군내 버스는 100주년(2016년)을 맞은 국립소록도병원 앞에 정차했다.
일제가 한센인 관리 목적으로 설립한 자혜의원이 국립소록도병원의 시작
이다. 지금은 550여명의 한센인이 거주하고 있지만 한때 수용환자가 6000
명이 넘었다.

소록도 해변의 아름다운 경치를 감탄하는 시간은 아주 짧았다. 눈물 없
이 볼 수 없는 탄식의 장소로 불렸던 '수탄장(愁嘆場)'이 눈에 들어왔기 때
문이다. 소록도는 1950~1970년 직원지대와 병사지대로 나뉘어져 경계선
에 철조망이 쳐 있었다. 당시 환우자녀들은 직원지대에 있는 보육소에 격
리됐다. 병사지대의 부모와 한 달에 단 한 번 만날 수 있었다. 면회시간은 5
분. 자녀와 부모는 도로 양옆으로 도열한 채 눈으로만 안부를 확인했다.

국립소록도병원 뒤쪽에 설치된 벽화 '아름다운 동행 소록도 사람들.

그 길을 전동휠체어를 탄 한 한센인이 건너고 있었다. 그에게 중앙공원을 물었다. 그는 "어디서 왔소?"라고 물었다. 서울에서 왔다고 하니 "멀리서도 오셨네"하며 뒤쪽을 가리키며 쭉 올라가라고 했다. 그는 전동휠체어로 가볍게 직원지대로 내려갔다. 2009년 소록대교 개통 이후 소록도 방문객이 증가해 수탄장 옆으로 잘 정돈된 산책로가 마련돼 있다. 송림이 우거진 그 길을 걸었다.

붉은 생명, 동백꽃 - 생명은 평등하다

누군가에겐 지옥 같은 곳이 누군가에겐 천국 같은 곳이 될 수 있을까. 지배자가 피지배자를 위해 만드는 천국은 공동운명과 사랑으로 행해지지 않으면 '우리들의 천국'이 아니라 '당신들의 천국'에 지나지 않는다. 소설 '당신들의 천국'이 말하는 핵심이다. '당신들의 천국'은 소록도를 천국으로 만들기 위해 선봉에 서는 조백헌 원장이 원생들과 겪는 갈등과 관계회복 후 만들어가는 천국의 모형을 묘사하고 있다. 진정한 이상향과 삶의 의미를 탐구한 작품이다. 이청준은 소설 속에서 보건과장 이상욱의 말을 빌려 이렇게 말한다.

"그것은 한마디로 원장님과 섬사람들의 길이 다르기 때문이었습니다. 원장님이 아무리 섬사람들을 생각하고 섬을 위해 노고를 바치고 계셨다 해도 원장님은 결국 그 섬사람들과 같은 운명을 살 수는 없었기 때문입니다. 그런 까닭에 원장님께서 꾸미고자 하신 섬사람들의 낙토가 원장님과 섬사람들의 공동 천국은 될 수 없었기 때문입니다. 원장님은 저들의 천국이라 하고 저들은 원장님의 천국이라 말하게 되었기 때문이었습니다. (중략) 그 섬과 원장님 사이의 화해가 불가능했던 것은 처음부터 양쪽 다 각자의 운명을 따로따로 살고 있었기 때문이었습니다."

인간이 나의 아픔과 너의 아픔을 일치시킬 수 있을 때, 자생적 운명의 뿌리를 함께할 수 있을 때 비로소 천국 건설의 기초가 마련된다는 것을 암시한다.

1916년 초대병원장 일본인 의사 아리카와 도루가 부임한 이래 이곳을 낙원으로 만들어주겠다는 '천국 만들기 사업'은 지속됐다. 소설 속 조백헌 원장의 전임자인 일본인 주정수 원장의 모습은 이 병원 4대 원장 일본인 의사 수호(재임기 1933~1942)의 모습과 닮았다. 그는 온갖 강압적인 수단으로 환자들을 동원해 소록도 내 공사를 추진했다. 섬은 천국의 모습을 이뤄갔지만 탈출자들이 속출했다. 환우들이 고된 일과 병세 악화를 견디지 못해 일을 하지 않거나 반항하면 감금실에 갇히고, 출소하면 강제 단종수술(정관수술)을 받았다. 중앙공원엔 붉은 동백꽃이 꽃송이째 뚝뚝 떨어져 꽃 무덤을 이루고 있었다. 오래전 인권이 무시된 단종수술을 받던 이들의 아픔을 기억하게 했다.

또 수호 원장은 환자들로부터 기금을 강제 징수해 자신의 동상을 세웠는데 이날을 기념해 매월 20일을 보은감사일로 지정하고 참배하게 했다. 그는 강제노역 가혹행위 등으로 환자들에게 불만을 사던 중 1942년 6월 20일 감사일 행사에서 환자에 의해 살해됐다. 수호 동상이 서 있던 자리엔 현재 미카엘 대천사가 한센균을 박멸하는 모습을 형상화하고 '한센병은 낫는다'란 문구가 선명하게 새겨진 구라탑(救癩塔)이 세워졌다.

중앙공원엔 솔송, 오엽송, 황금편백, 향나무 등 관상수 100여종이 자라고 있다. 한하운 시인의 '보리피리' 시비에 누군가 동백꽃 두 송이를 얹어 놓았다. 꽃 도장을 찍은 듯했다. 발길이 십자가상 앞에서 멈췄다. 십자가상이 서 있는 자리는 환우들이 몽당손으로 벽돌을 찍어내던 벽돌공장의 굴뚝자리다. 환우들이 받았던 고통은 버림받고 저주받아서가 아니라, 예수님처럼 우리의 죄를 속죄하기 위해서였다는 것을 말해주는 듯하다.

사랑이 없는 자유 - 배반을 잉태한다

이청준은 소설에서 믿음이 없는 자유는 싸움과 갈등, 불신과 미움을 가져온다고 말한다. 믿음이 없는 사랑의 실천은 사랑을 행하지 않음만 못하다는 그의 생각은 "내가 내게 있는 모든 것으로 구제하고 또 내 몸을 불사르게 내줄지라도 사랑이 없으면 내게 아무 유익이 없느니라"(고전 13:3)는 말씀과 상통한다.

'당신들의 천국'에서 오마도 간척사업이 실패해 섬을 떠났던 조 원장이 7년 후 섬을 다시 찾는다. 운명을 함께하기 위해서다. 그러나 그는 실패를 다시 확인한다. 그가 다시 섬으로 돌아왔을 땐 지도자가 아니라 섬 주민이었다. 운명을 함께할 믿음이 생겼지만 사랑의 실천적 힘이 없다는 것을 깨달았다. 힘 있는 자가 사랑으로 베풀어야 천국을 이룰 수 있다는 것은 작가

한하운 시인의 '보리피리' 시비

가 강조하는 알레고리다. 이는 조 원장의 말을 통해 좀 더 분명해진다.

"서로의 믿음을 구하고 그 믿음 속에 자유나 사랑으로 어떤 일을 행해 나가고 있다 해도 그 믿음이나 공동운명 의식은, 그리고 그 자유나 사랑은 어떤 실천적 힘의 질서 속에 자리 잡고 설 때라야 비로소 제 값을 찾아 지니고 그 값을 실현해 나갈 수 있다는 이야깁니다."

소설은 결말을 열어둔 채 막을 내린다. 간척은 진행 중이고 서미연(건강인)과 윤해원(음성병력자)의 혼인잔치가 벌어지는 것으로 이야기가 마무리된다. 구원이 어디서 오는지는 평생을 열어두고 고민해야 할 문제다.

조 원장이 수년 동안 환우들을 동원해 메워나간 간척지는 5·16 직후 실제로 환우들이 메워낸 바다이다. 봉암반도 풍남반도 오마도를 연결하는 바다를 막아서 간척해 낸 300여만 평의 농토가 고흥반도 남쪽으로 펼쳐져 있다. 그러나 완공되기까지 소설처럼 수없는 난관에 부딪혔고 지금은 '당신들의 천국'으로 남아 있다.

이청준 생가는 전남 장흥 회진면 진목리 마을회관 바로 뒤에 숨어 있다. '눈길' '새가 운들' '연' '빗새 이야기' '서편제' '해변 아리랑' '축제' 등 많은 작품이 그의 고향과 어머니의 바탕 위에서 탄생됐다. 생가에서 무덤이 있는 문학자리, 그리고 임권택 감독의 영화 '천년학' 원작인 소설 '선학동 나그네'의 배경 등은 이제 이청준의 궤적을 밟아보는 소설 길로 조성돼 있다.

오늘, 우리들에게 천국이란?

천형(天刑)의 땅에 살고 있는 이들에게 '천국을 만들어주겠다'고 했던 제안은 이 시대에도 진행 중이다. 정치인들의 선거공략에 빠지지 않는 것이 복지국가 건설이 아닐까.

소설에서 조백헌 원장은 '우리들의 천국'을 꿈꿨지만 결국 '당신들의 천국'에 그쳤다. 실패한 이유는 첫째 사랑으로 행하지 않은 것, 둘째 공동운명체로 살지 않은 것, 셋째 지배자와 피지배자가 수평적이지 못하고 수직적이기 때문이었다. 자유든 사랑이든 상대에게 깃들 수 없다면 소용없다. 공동운명체란 생각 없이는 상대에게 깃들 수 없다. 즉 운명을 같이하지 못하는 사람들 사이엔 믿음이 생길 수 없다는 것이다.

어떻게 하면 우리가 살고 있는 사회가 '우리들의 천국'이 될 수 있을까. 이청준은 힘의 행사는 사랑과 자유 위에 기초해야 한다고 말한다. 인간의 천국이 다른 인간의 천국과 대립되는 개념이 되어선 안 된다. 자유 없는 힘은 끊임없는 배반을, 사랑 없는 힘은 강요된 의무만 낳는다. 자유와 사랑에 기초한 실천적 힘이야말로 인간사회를 천국으로 만드는 기본 여건인 셈이다.

이청준은 지배자가 존재한다 할지라도 지배자와 피지배자가 수직의 위계질서가 아닌 수평의 평등한 관계여야 한다고 말한다. 결국 모두의 유토피아라는 하나의 공통된 목적을 실현하기 위해 운명을 함께한 공동체를 이상향으로 보았다. 이런 공동 운명은 믿음을 낳고, 믿음은 자유와 사랑을 낳는다. 이는 천국이 구현되는 과정이다. 이청준은 '당신들의 천국'이 '우리들의 천국'으로 바뀌어 불릴 때를 소망했을 것이다.

무진의 나그네
말씀에 복종하고
기쁨의 빛 얻다

순천만문학관에서 바라본 외부 전경. 왼편으로 순천만 방죽길이 펼쳐져 있다.

소설가 김승옥/순천만문학관

'무진의 나그네'는 지금 어느 길목쯤 서 있는 것일까. '감수성의 혁명'이란 찬사와 함께 1960년대 문학의 반짝이는 별이었던 김승옥(1941~). 그는 빼어난 문체로 당시 미래가 불투명한 젊은이들의 위로자였고, 후배 문인들에겐 넘고 싶은 산이었다. 1960년 한국일보 신춘문예에 '생명연습'으로 등단한 그는 '무진기행' '서울 · 1964년 겨울' '서울의 달빛 0장' 등을 발표하며 문단의 주목을 받았다.

그러나 1980년 장편 '먼지의 방'을 신문에 연재하던 중 신군부의 검열에 항의해 절필을 선언한 후 침묵의 안개 속으로 떠났다. 그 긴 침묵의 길목에서 그는 뇌졸중으로 쓰러져 언어를 잃었다. 그러나 하나님을 만나는 영적인 체험을 했다.

단편소설 '무진기행'의 배경이 된 전남 순천. 소설 속 안개의 도시 '무진'은 실존하는 지명이 아니다. 작가의 생애와 작품 내용을 고려하면 이곳은 그가 성장한 전남 순천 지역의 공간을 재구성한 것이다. 그도 이 작품을 창작하는 데 있어 순천과 순천만 연안 대대포 앞바다와 그 갯벌에서의 체험을 창작 모티브로 삼았다고 말했다. 일본 오사카에서 태어난 그는 1945년 광복이 되던 해 귀국해 어머니의 고향인 순천에서 성장했다.

누구나 자신만의 '무진'이 있다

순천만습지 매표소 안내원은 전망대까지 왕복 두 시간가량 소요된다고 했다. 기온은 34도. 얼음 생수 한 병을 들고 국내 최대 갈대군락지와 S자 수로를 한눈에 내려다 볼 수 있는 용산전망대에 올랐다. 바람에 몸을 맡긴 채 그 수려함을 자랑하고 있는 5.4㎢(160만 평)의 갈대군락지는 압도적이었다. 갈대숲의 끝은 갯벌이었다. 바다는 보이지 않았다. 멀리서 풍겨오는 수면제 같은 소금기만이 바다가 가깝다는 것을 느끼게 했다. 작가가 '무진

순천만문학관 내에 마련된 김승옥관

기행'에 이 장면을 그대로 옮겨 놓은 듯했다.

"나는 물이 가득한 강물이 흐르고 잔디로 덮인 방죽이 시오리 밖의 바닷가까지 뻗어 나가 있고, 작은 숲이 있고 다리가 많고 흙담이 많고 높은 포플러가 에워싼 운동장을 가진 학교들이 있고, 바닷가에서 주워온 까만 자갈이 깔린 뜰을 가진 사무소들이 있고, 대로 만든 와상이 밤거리에 나앉아 있는 시골을 생각했고 그것은 무진이었다."

무진은 해안의 도시. 돈 많은 미망인과 결혼해 제약회사 간부로 출세한 한 중년 사내가 쉬기 위해 고향인 무진으로 내려온다. 주인공 윤희중은 서울에서의 실패로부터 도망해야 할 때, 또는 무언가 새 출발이 필요할 때 무진을 찾았다. 무진은 주인공이 의용군 징발과 국군의 징병을 기피하기 위해 숨어 지냈고 폐병을 치료하기 지내던 다름 아닌 '자폐의 공간'이었다.

무진의 안개, 불안과 고독

주인공은 무진의 짙은 안개 속에서, 속물적 삶에 환멸을 느끼면서도, 처갓집의 후광을 업고 승진하는 길을 뿌리치지 않는다. 속물성에 대한 혐오와 속물적 욕망의 줄다리기 속에서 무진을 떠나 다시 상경하는 주인공의 자괴감은 어쩌면 4·19세대의 자화상인지도 모른다. 작가는 1960년대 급격한 산업화 과정에서 나타난 출세주의 사회 속에서 현실에 적응하지 못하고 방황하는 소시민의 모습, 일상에 얽매인 채 고민하는 개인의 모습에 주목했다.

그런 의미에서 무진은 일상성의 배후인 안개에 휩싸인 채 도사리고 있는 음험한 상상의 공간이며, 상처를 잊으려는 사람들에게 상처를 강요하

김승옥관 입구

는 이 삶이란 도대체 무엇인가를 끊임없이 묻고 있는 괴로운 도시다. 작가는 한국문학사상 최고의 묘사문 중 하나로 꼽히곤 하는 문장으로 무진의 안개를 이렇게 표현했다.

"아침에 잠자리에서 일어나서 밖으로 나오면, 밤사이에 진주해 온 적군들처럼 안개가 무진을 삥 둘러싸고 있는 것이었다. 무진을 둘러싸고 있던 산들도 안개에 의하여 보이지 않는 먼 곳으로 유배당해 버리고 있었다. 안개는 마치 이승에 한(恨)이 있어서 매일 밤 찾아오는 여귀(女鬼)가 뿜어 내놓은 입김과 같았다."

안개는 기상현상의 의미를 넘어선다. 주인공에게 고향 무진은 돌아가야 할 안식처라거나 삶의 고단함에 대한 보상 같은 것이 아니다. 그에게 안개란 습하고 불투명하게 그의 영혼을 사로잡고 놓아주지 않는 불안과 고

김승옥관 내부

독 같은 것이다.

작가에게도 '안개의 시간'이 있었다. 여순반란 사건 때 아버지가 죽고 3년 후 여동생이 열병으로 죽자 '인간은 죽을 수밖에 없는 존재'란 것이 절실한 인생의 문제가 되었다.

"우리는 죽음으로써 영원한 망각 속에서 마치 없었던 것처럼 흩어져 버리고 없음이 돼버릴게 아닌가. 태어나고 사랑한다는 것이 무슨 뜻이 있는가. 아이가 사랑스러울수록 죽음으로 인한 허무감이 더욱 짙게 마음의 밑바닥을 차지하는 것이었다. 이 허무감은 삶의 큰 몫으로 항상 따라다녔다."('내가 만난 하나님' 중에서)

결국 소설 속 주인공은 허위를 벗어나지 못한 부끄러움으로 여행을 끝내고 집으로 돌아간다. 무진의 안개처럼 언제인지도 모르게 우리의 정신을 포위하는 눈에 보이지 않는 적, 때로는 친밀감마저 느끼게 되는 그 적의 정체를 우리 자신 안에서 만날 때 우리는 비루해지고 심한 부끄러움을 느끼게 된다. 비천함에 대한 절규는 주인공의 마지막 고백에서 묻어난다.

"한 번만, 마지막으로 한 번만 이 무진을, 안개를, 외롭게 미쳐가는 것을, 유행가를, 술집 여자의 자살을, 배반을, 무책임을 긍정하기로 하자. 마지막으로 한 번 만이다. 꼭 한 번만, 그리고 나는 내게 주어진 한정된 책임 속에서만 살기로 약속한다. 전보여, 새끼손가락을 내밀어라. 나는 거기에 내 새끼손가락을 걸어서 약속한다. 우리는 약속했다."('무진기행' 중에서)

방죽길에 서 있는 '무진의 나그네'

순천만 방죽길을 10분 정도 걸어가면 순천만문학관이 나온다. 순천만

전남 순천 용산전망대에서 바라본 순천만 습지의 S자 수로와 광활한 갈대밭 그리고 갯벌.

문학관은 소설가 김승옥과 동화 작가 정채봉의 문학정신을 기리기 위해 만든 곳이며 주변 순천만과 조화를 이루는 정원형 초가건물 9동으로 건립해 2010년 10월 문을 열었다. 김승옥관에 들어서자 가장 먼저 보인 것이 작가의 말이었다.

"소설가란 스스로 '이것이 문제다'라고 생각하는 것에 봉사해야지 어느 무엇에도 구속당해서는 안 된다. 권력자나 부자의 눈치를 살펴도 안 되고 동시에 힘없고 가난한 사람의 비위만 맞춰도 안 된다. 모든 것으로부터 자유로워야 하며 다만 스스로의 가치에 비추어 문제가 되는 것에 자신을 바쳐야 한다."

김승옥은 "무진기행은 나의 생애 중에서 가장 슬픈 시절에 쓴 작품이다. 순천만 방죽길은 무진기행의 가장 중요한 현실적인 배경이었다. 이 소설이 아직도 이야깃거리가 된다면 그것은 그 문장에 스며든 내 슬픔의 힘 때문일 것이다"라고 말했다. 누구나 안개의 도시 '무진'이란 자기만의 공간이 있다.

작가에게 안개는 하나님이 없는 '혼돈의 시간'이었다. 그러나 안개의 어느 길목에서 만난 한줄기 빛(하나님)은 그의 삶을 송두리째 바꿔놓았다. 안부를 묻는 기자에게 그는 휴대폰 문자 메시지로 "2003~2016 뇌졸중, 미래 말과 글 좋습니다"라고 답했다. 그는 회복돼 소설로 돌아오는 길에 서 있는 듯했다.

김승옥처럼 생각하기

하나님 말씀에 복종할 때의 기쁨은 글 쓸 때의 기쁨과 비교할 수 없었다

"안녕? 김승옥, 메일 안됩니다 스마트폰입니다." 그가 휴대폰 문자로 질문에 대한 답을 해왔다. 아름다운 현대적 문체로 수많은 독자를 압도했던 김승옥은 현재 간단한 단어들을 연결한 필담으로 의사소통을 한다.

그는 1980년 절필 선언을 하고 무력감과 절망감 속에 술로 세월을 덧칠해가고 있을 때 하나님을 만났다. 산문집 '내가 만난 하나님'에서 이렇게 기록하고 있다.

"1981년 4월 26일 새벽, 하나님께서 내 영안을 여시고 그분의 하얀 손으로 내 명치를 어루만져 주시며 '누구냐?'고 묻는 내 질문에 분명히 한국말로 '하나님이다'라고 대답했다. 그 손길은 할아버지나 할머니가 손자의 배를 쓸어주시듯 사랑이 가득한 느낌이었다."

그는 하나님의 손길을 느끼고 나서야 고등학교 시절 성경을 완독한 후 성경책은 이스라엘인들의 독선적인 역사책에 불과하다고 단정하고 무신론자가 돼버린 기억이 생생하게 떠올랐다. 사실 그가 신앙을 가진 것은 훨씬 더 오래전의 일이다. 그가 11세 때 3세 된 여동생이 심한 열병으로 세상을 떠나자 죽음 이후의 세계에 관심을 갖기 시작하면서 장로교회에 출석했다. 그러나 대학에 들어간 후 주님과 남이 됐다.

그는 하나님을 다시 만난 후 거의 글을 쓰지 못했다. 마치 그리스 작가 니코스 카잔차키스가 '성 프란시스'를 쓸 때 영혼을 압도하는 신의 손을 체험하면서 주체하지 못했던 둔탁한 눈물 때문에 원고를 써내려갈 수 없었다는 고백처럼….

그는 하나님의 말씀에 복종하지 않으면 괴로워 견딜 수 없었고 복종할 때의 기쁨은 글 쓸 때의 기쁨과 비교할 수 없었다고 말했다. 그는 소설로 선교를 하고 싶어 한다.

"무신론자였던 내가 하나님을 믿게 된 것은 오직 하나님의 직접적인 은혜 때문이었다. 인간이 하나님을 찾는 것이 아니라 하나님께서 인간에게 다가오시며 구원해 주신다는 사실을 증언하고 싶다."('내가 만난 하나님' 중에서)

그는 죽고 싶은 유혹이 강렬했던 절망의 늪지대에서 하나님을 만나지 못했다면 지금의 자신은 없었을 거라고 생각한다. 그는 이렇게 말했다. "2003년 10월 '스리랑카의 명령이다'란 목소리를 듣고 정신이 번쩍 들었다. 뇌졸중 치료로 가난해졌으나 기도하고 또 기도한다. 스리랑카 선교사를 위해."

소명을 위해 노력하고, 그 길을 향해 나아가는 작가의 삶과 그 길을 응원한다.

사랑하는 사람 잃고,
하나님 슬픔 알았다

강원도 양양 낙산 바닷가 모래사장에 쓰여진
황금찬 시인의 시 제목 '별과 고기'

황금찬 시인/
강원 속초시 생가 터 · 시비

"촛불!/ 심지에 불을 붙이면/ 그 때부터 종말을 향해/ 출발하는 것이다/ 어두움을 밀어 내는/ 그 연약한 저항/ 누구의 정신을 배운/ 조용한 희생일까/ 존재할 때/ 이미 마련되어 있는/ 시간의 국한을/ 모르고 있어/ 운명이다/ 한정된 시간을/ 불태워 가도/ 슬퍼하지 않고/ 순간을 꽃으로 향유하며/ 춤추는 불꽃."('촛불' 전문)

100년의 시간동안 시인의 '어진 눈'으로 바라본 세상은 슬프지만은 않았다. 암담한 일제시대와 6 · 25 한국전쟁을 고스란히 겪었지만 촛불과 같은 '어두움을 밀어내는 연약한 저항'으로 한 세기를 바람처럼 살아왔다. 황금찬(1918~2017) 시인. 그는 신앙과 사랑의 서정을 겸비한 '화해의 시인'이다. 사랑하는 사람을 잃고 외로운 시간을 보낼 때도 "시는 영혼을 구제하는 양식이며 세상의 난폭성을 없애려면 반드시 시가 필요하다"고 여겼기에 누구보다 치열하게 시를 썼으며 시를 사랑했다.

별과 고기

낙산도립공원에 세워진
'별과 고기' 시비

내 고향 속초

"그 어머니 곁엔/ 눈물이 가득한/ 자식이 있어야 한다/ 떠나지 말거라/ 강원도 양양군 도천면 논산리 45/ 지금은 속초시 논산동이다/ 나는 거기서 첫 울음을 울었다고/ 어머님이 가꾸시던 미나리 밭엔/ 나비 몇 마리가 날고 있었다"('고향' 중에서)

강원도 양양군 도천면 논산리 45. 그의 '고향'이란 시에 나온 주소를 들고 시인의 생가 터를 찾았다. 100년 전의 마을을 상상했다. 그 시절 그곳은 농촌이었다. 마을 북쪽 함지고개를 둘러싼 작은 농촌에 30호의 농가가 있었고 그중 가장 작고 초라한 초가집이 시인의 집이었다. 시인의 어머니는 행주치마에 손을 닦으며 아들의 어진 눈을 바라보며 "금찬아. 너는 언제나 물처럼 맑고 깨끗한 마음으로 살아라. 그래야 좋은 사람이지"라고 말한다. 소작농이셨던 부모님은 가난을 벗어나기 위해 가솔을 이끌고 함경북도 성진으로 향했다. 그가 8살 때였다.

옛 주소지에서 변경된 새 주소는 속초시 조양동 983. 옛 집은 흔적조차 없고 아파트와 교회, 유치원 건물들이 들어서 있다. 마을 인근에 시인이 자주 들렀다는 청초호를 찾았다. 멀리 실향민들의 정착촌 아바이마을로 이어지는 다리가 보였다. 100년 전 한 겨울이면 호수가 깡깡 얼었고 아이들은 팽이를 치고 썰매를 탔을 것이다. 현재 청초호엔 요트 체험장이 들어섰다. 대부분의 배들이 정박해있는 한가한 호수엔 하늘이 낮게 내려와 있었다.

너의 창에 불이 꺼지고

그는 수필 '인생을 눈 뜨게 한 영원한 사랑'에서 세상에서 가장 슬픈 일은 사랑하는 사람을 잃은 일이라고 말했다.

"사람에게 가장 괴로운 일은 굶는 일이고 가장 슬픈 일이 사랑하는 사람을 잃은 일일 것이다. 그리고 또 다른 괴로움은 자기의 건강을 잃는 일일 것이다. 사람이 한평생을 살면서 이 세 가지를 맛보지 않았다면 그는 우선 행복한 사람이다. 그러나 굶은 일은 일시적인 현상일 수 있고 앓은 것도 나을 수 있다. 그러나 사랑하는 사람과 사별하는 것은 그 슬픔을 형용할 수조차 없다."

그는 사랑하는 딸과 아내를 잃었다. 그리고 아들을 잃었다. 1974년 2월 이화여대 졸업을 앞둔 딸이 병으로 세상을 떠났을 때 쓴 시가 '너의 창에 불이 꺼지고'다.

"너의 창에 불이 꺼지고/ 밤하늘의 별빛만/ 네 눈빛처럼 박혀 있구나…
다 잠든 밤/ 내 홀로 네 창 앞에 서서/ 네 이름을 불러 본다/ 애리야! 애리야!

애리야! 하고…"

아내마저 1976년 이른 봄 병으로 세상을 떠났다. 그는 긴 시간을 홀로 살았다. 그러나 그는 딸과 아내의 죽음은 인생의 커다란 깨달음을 주었다고 말한다.

"사랑하는 사람을 잃어보지 않고는 하나님의 슬픔을 알 수 없는 것 같았다. 가버린 두 사람을 사랑하고 나의 이웃들을 사랑해야 한다고 생각했다. 우리에게는 적이 없다. 오직 사랑의 대상이 있을 뿐이다. 먼저 간 두 사람이 내게 준 것은 결코 슬픔만은 아니었다. 남을 사랑하는 마음을 유산으로 준 것이다."(수필 '인생을 눈뜨게 한 영원한 사랑' 중에서)

일상적 서정과 실존적 허무

역설이다. 그는 아픔을 통해 실존적 허무의식을 극복했다. 그래서 아픈 것에서 아름다운 시가 나올 수 있나보다. 세상은 급격히 변했지만 황금찬 시인의 작품을 관류하는 주제는 여전히 사랑이다. 그는 '시의 바탕은 서정이고, 시인은 그 서정의 터 위에 집을 짓는 하늘의 예술가'라고 믿었다.

"내 몸의 중량이/ 바위일까 돌일까/ 돌의 무게가 될 수 없다/ 바위는 더욱 아니고/ 풀잎일까 낙엽일까/ 내 말의 중량이/ 풀잎이나 나뭇잎만큼만 된다면/ 여름이 있으련만/ 낙엽보다도 가벼운 내가/ 지금 걸어가고 있다."('흔적' 중에서)

'내 몸의 중량이 바위일까 돌일까'라고 존재의 중량을 재보는 시인은 돌

황금찬 시인 생가 인근 속초 청초호

의 무게가 될 수 없다. 바위는 더욱 아니라는 인식에 이른다. 풀잎이나 나뭇잎보다도 가볍고 낙엽보다도 가벼운 존재라는 결론에 이른다. 인간이 스스로의 한계를 인정하고 낮아진 자세로 신에게 엎드리기 위해서 거쳐야 하는 자기 인식 과정이다.

　그는 전쟁 중에도 시를 썼다. 6·25 한국전쟁 때 종군작가였다. 일주일에 한 편씩 시를 썼다. 그가 시를 쓰면 붓글씨를 쓰는 정훈병이 크게 옮겨 적어 담벼락이나 대문 같은 곳에 붙였다. 그 시를 지나가는 군인이나 피란 가던 민간인들이 보고 울었다. 그는 '예술가의 삶'이란 글을 통해 자신의 인생을 이렇게 말했다.

　"나는 열 번을 죽었다 태어나도 시인이 되겠다고 생각한다. 내가 시를 쓰지 않았다면 아마도 노동으로 일생을 살았을 것이다. 그 노동과 시 쓰는

황금찬 시인이 1955년부터
다닌 서울 초동교회

일 외에 그래도 있다면 아마도 남을 가르치는 일일 것이다. 그것도 남들만
큼 잘하는 것은 아니다. 시만을 써서 살 수 없으니까 노동대신 택한 것이
교사의 일이었다. 시만을 써도 살 수 있었다면 나는 다 버리고 시만을 썼을
것이다. 중고등학교에 만 33년 있었고 대학에서 20년 이상 있었다. 그렇지
만 직업인으로 직장을 삼지 않고 시인으로 직장을 삼았다. 나는 교직에 있
으면서도 시업에 방해가 될 것 같은 일은 하지 않았다."

   그는 함북 성진에서 소학교를 다니던 열네 살 때 '아이생활'이란 청소년
잡지를 보면서 작가가 되기로 결심했다. 1953년 '문예'지와 '현대문학'을 통
해 등단 한 후 39권의 시집, 문장론과 22권의 수필집을 냈다. 1954년 서울
용산구 후암동으로 이사한 후 돈화문로 초동교회에서 신앙생활 했다.

황금찬 시인 생가마을의
현재 모습

영원한 '해변시인학교 교장'

시인의 고향 속초는 푸른 바다가 지척에 있는 곳이다. 해방 후 함북 성진에서 강원도로 내려온 그는 1946년부터 9년간 강릉에 살았다. 그는 '동해안 시인'으로 불린다. 강원도에서 교편을 잡고 있을 때 길러낸 문인들이 많았고, 1952년 시동인지 '청포도'를 만들어 활동하면서 강원도 문학을 발전시켰다는 평가를 받고 있다. 시인이 꼽는 대표 시 중 하나가 '별과 고기'이다.

"밤에 눈을 뜬다/ 그리고 호수 위에/ 내려앉는다/ 물고기들이/ 입을 열고/ 별을 주워먹는다…밤마다 고기는 별을 주워 먹지만/ 별은 고기 뱃속에 있지 않고/ 먼 하늘에 떠 있다."('별과 고기' 중에서)

'별과 고기' 시비가 세워진 강원군 양양군 낙산도립공원 해변엔 겨울바다를 보러 온 여행자들이 간간이 있었다. 세상의 수많은 감투를 사양했던 그가 유일하게 받은 것이 박목월 시인의 유지로 세워진 '해변시인학교 교장'이었다. 그는 20년 넘게 '해변시인학교 교장'을 지냈다. 하늘의 별을 바라보며 꽃 같은 이야기들을 나누기 위해서였다.

그의 100년의 삶은 시였다. 그가 남긴 8000여 편의 시는 그의 삶이었다. 사람과 사람 사이를 사랑으로 연결시키는 시와 시인이 있는 한 이 세상엔 언제나 꽃이 피고 있을 것이란 시인의 목소리가 하늘에 걸리는 듯했다.

황금찬처럼 생각하기

시는 신을 기억하는 작업이다

황금찬 시인은 '시는 신을 기억하는 작업'이라고 생각한다. 황금찬의 신앙 시편들은 인간의 삶 전체를 지배하고 있는 예수의 정신이 어떻게 현실에 구현되고 있는가에 대한 시선이다. 그는 사물의 본질과 신의 섭리를 보기 위해서 영혼의 눈을 떠야 한다고 생각한다.

'내 영혼은 잠들지 않고/ 깨어 있으니/ 바위도 눈을 뜨고/ 살아서 흐르고 있는 강물이며/ 저 숲 속을 빠져가는 바람은/ 모두 나의 호흡이다/ 낮에 눈을 뜨는 것은/ 영혼이 아니다/ 영혼은 모든 것들이 눈감을 때/ 비로소 눈을 뜨나니/ 언제나 푸른 별들과/ 마음으로 이야기하고/ 사랑의 노래를 부르고 있다."('영혼은 잠들지 않고' 전문)

그는 시선집 '영혼은 잠들지 않고' 서문에서 시는 기도 다음에 오는 것이라고 말한다. "신앙의 시는 기도의 마음이라고 생각한다. 남들이 다 잠든 때 홀로 깨어 드리는 기도처럼 그렇게 쓰는 것이다. 나라를 근심하고 세계를 위하고 가족과 이웃을 위하고 또 나를 돌아보는 마음자리가 중요하다. 기도는 여기에서 시작되고, 시는 그 기도 다음에 오는 것이다."

시인에게 시인 아들이 있었다. 손을 잡고 다정하게 바닷가를 걸었던 아들 황도제 시인의 시에 아버지의 성품이 그대로 드러난다.

"아버지가 산이라면 나 또한 산이고/ 아버지가 구름이라면 나 또한 구름이다…아버지는 한 사람의 시인이 생겨나면 열 사람의 강도가 없어진다고 말씀하신다/ 나 또한 한 사람의 시인이 생겨나면 열 사람의 강도가 없어진다고 말한다/ 나는 아버지의 아들이기에 아버지를 흉내내는 것이 아니고/ 아버지의 말씀이 옳기에 따라하는 것이다."(황도제의 시 '나는 누구인가'중에서)

그는 아들을 2009년 앞서 보냈다.

불신·의심의 철조망
저 너머에 구원과 자유

경남 거제시 '거제도 포로수용소
유적공원에 둘러쳐진 철조망

소설가 정연희/
거제도 포로수용소 유적공원

"내 잔이 넘치나이다." '아름다운 청년' 맹의순의 마지막 유언이었다. 맹의순은 6·25 한국전쟁 당시 피란길에 인민군으로 오인 받아 억울하게 포로수용소에 갇혔고, 병든 포로들을 헌신적으로 돌보다가 27세의 젊은 나이에 세상을 떠난 실존인물이다. 그의 이야기는 친구들과 포로수용소 환자들의 증언, 편지로 세상에 알려졌고 정연희(1936~) 작가에 의해 1983년 소설 '내 잔이 넘치나이다'로 출간됐다.

지옥으로 보내주소서

주인공 맹의순은 이렇게 말한다. "내 본심을 말하면, 내가 괜히 위선 떠는 것처럼 들리기도 할 것이다. 그런데 사실 나는 여기 포로수용소가 참 좋다. 무엇보다 여기에서 내가 할 일이 참 많다. 내가 그 어른과 같다는 말은 아니지만, 내 마음에 이런 기도가 있다. '주여, 지옥이 존재한다는 것을 알

포로수용소 유적공원에 복원된
포로용 천막

면서… 제가 어찌 천국을 즐기겠습니까! 주여, 저주 받은 자를 불쌍히 여기시어 천국에 들여보내 주시든지…아니면 저를 지옥으로 보내어 고통 받는 저들을 위로하게 하옵소서!' 물론 이곳은 지옥이 아닐세. 나를 필요로 하는 이곳에 내가 있는 것이 얼마나 마음 편한지 모르겠네. 아니 저 철조망 밖 삶을 내가 두려워하는 것인지도 모르겠네. 그러니 나를 그만 놔두게, 여기서 이 분들을 섬기도록(1951년 8월)."

친구들이 백방으로 노력한 끝에 석방이 확실시되자 맹의순은 이렇게 자신의 마음을 편지에 담아 친구들에게 보냈다. 조선신학교를 다니며 남대문교회 전도사로 섬겼던 그는 억울함과 분노 대신 은혜를 택했다. 고통은 인간의 존재를 뚜렷하게 만드는 듯했다. 전장에서 다리가 끊기고 팔을 잘리고 눈을 잃어버린 이들이 포로가 돼 갇힌 곳. 그들은 전쟁 포로가 아니라 고통에 묶여 있는 포로였고, 공포에 갇혀 있는 포로였으며, 슬픔과 외로움에 감금당한 포로였다. 맹의순은 밤마다 흐느끼는 이들에게 시편 23편을 읽어주며 간호를 했다.

거제도 포로수용소 MP다리. 포로 출입의 주요 관문이었다

"나는 끊임없이 기도하며 손을 놀리네. 더러는 두꺼운 패드를 갈아대고, 피고름이 흐른 것을 닦아내며 저리고 아파하는 부분을 주무르지. 그것은 내가 하는 것이 아니라 성령께서 일하실 수 있도록 몸을 놀려 순종하는 것뿐일세. 한 사람 한 사람 순서가 바뀔 때마다 소독약으로 정성껏 손을 닦아 내고, 어느 때는 따뜻한 물로 낯을 씻어 주고 소리 내어 기도하면, 주르르 몇 줄기 눈물을 쏟던 끝에 혼곤히 잠이 드는 것을 볼 수가 있다네."

슬픔과 외로움의 포로

1950년 7월 한국군과 유엔군은 지금의 부산경찰청 자리에 포로수용소를 설치했으나 인천상륙작전이 성공하면서 급속하게 늘어난 포로를 수용하기 위해 거제도에 포로수용소를 만들었다. 이후 부산의 포로들은 거제도 포로수용소로 단계적으로 이송됐다. 맹의순은 1950년 9월~1952년 8월 부산 거제리 포로수용소에 수감됐다가 석방 하루를 앞둔 8월 11일 과로로 숨졌다.

현재 부산 거제리 포로수용소는 남아 있지 않으나 거제도 포로수용소는 유적공원으로 조성돼 관람객들을 맞고 있다. 거제도 포로수용소 유적공원은 전쟁을 겪어보지 못한 세대에게 전쟁의 실상을 보여주는 공간이다. 한국전쟁 3년의 기록을 담고 있다.

한국전쟁 당시 최대 17만3000명을 수용했던 유적공원 한쪽에 자리한 잔존 유적지(경상남도 문화재 자료 99호)에서 경비대장 집무실, 경비대 막사, PX, 무도회장 등과 당시 사용하던 건물 일부를 볼 수 있다. 거제포로수용소에서 입던 옷을 비롯한 생활용품 무기 각종 기록물과 영상자료 등은 포로수용소 유적박물관에 있다.

어둠만 머물고 있는 포로막사 안으로 들어갔다. 손바닥만큼 열려진 틈으로 빛이 따라 들어왔다. 절망 속에서도 하나님의 뜻을 찾은 맹의순의 목소리가 들리는 듯했다.

"포로들의 천막에는 전등이 없네. 밤이면 천막 입구에 보초를 서는 자리에만 손전등이 지급되지. 그러나 천막 속에 있는 사람들은 오히려 어둠을 즐기는 듯했네. 어둠 속에서 갖가지 음식을 맘 놓고 그려보고 생각 속에만 가둬 놓았던 것들을 마음대로 풀어놓아 어둠 속을 다채롭게 하는 재미를 보고 있는 것 같았네."

그는 일과 후에 자유롭게 병사 천막을 다니며 전도하고 예배를 드리는 병동 천막심방을 했다. 나중엔 천막으로 광야교회를 세우고 포로들의 영혼을 보살폈다. 처음엔 인민군 포로들을 돌보다가 나중에 중공군 포로들 중 환자들까지 돌봤다.

"그들의 잠든 모습을 굽어보면 나는 눈물을 흘리네. 주님의 사랑과 능력을 확인하며 모든 것이 너무도 감사해서 솟는 눈물이라네. 참혹한 눈물

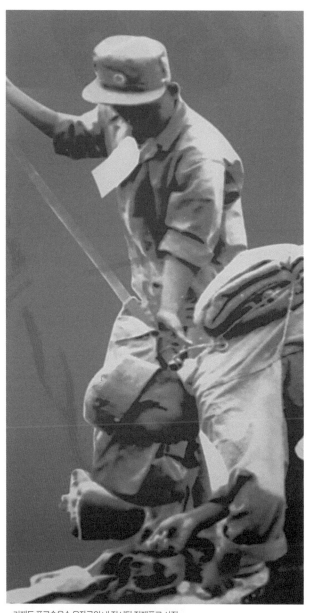

거제도 포로수용소 유적공원 내 전시된 전쟁포로 사진

당시 수용소 생활상을 보여주는 거제도 포로수용소 유적공원 전시실 모형

의 자리에 주님이 우리와 함께하시면서 우리의 비참을 당신의 눈물로 씻기시고 계신 것을 확인하게 되고, 그것을 알게 되는 이 깨달음의 은혜가 너무도 기뻐서 나는 계속 울면서 일을 하게 된다네."

거제도 포로수용소 철조망 앞에 서니 거제 시가지가 보였다. 그 철조망 밖의 길은 포로들이 가족들이 있는 세상으로 나가고 싶어 하루에도 몇 차례씩 바라봤을 것이다. 당시 포로수용소는 반공포로와 친공포로의 갈등, 친공포로와 유엔군의 갈등이 극에 달했다. 포로들은 이념 갈등이 없고 육체적인 자유를 누릴 수 있는 철조망 너머의 세상을 매 순간 갈망했을 것이다.

"이곳 철조망은 이중으로 둘러쳐져 있다네. 그 길이가 얼마나 되는지 알 수 없지만 가시 철망이 둘러져 있는 울타리 속에서 포로들은 또 하나의 인간사회를 형성하고 있네. 그러나 무엇보다도 웃긴 풍경은 그들 스스로를 묶는 철조망 가설작업을 하는 것인데, 그들은 감시를 받으며, 더 단단히 더 철저하게 철조망을 치기 위해 땀을 흘리고 일하고 있다네."

맹의순은 죽어서야 수용소를 나갈 수 있었다. 빈 관을 싣고 찾아간 친구들은 수용소 본부에서 허망하기 그지없는 설명을 듣고 돌아와야 했다. "여기서 나가지 못한 채 죽었으니 포로를 면할 수는 없어요. 해운대에 있는 유엔군 묘지 근처에 포로묘지가 있다는 말만 들었어요. 이 안에선 산 사람 일도 어쩌지 못하는데 죽은 사람이야 뭐, 간단히 비닐에다 둘둘 말아서 싣고 떠나더니 떠났던 차가 금방 옵디다. 쓰레기 버리듯이 했겠죠." 목숨이 다한 포로를 둘둘 말아서 간단하게 담는다는 비닐봉지. 맹의순의 편지에도 있었던 이야기였다. "군용 앰뷸런스에 실려 해운대 근처 유엔군 묘지가 있는 근방에 따로 마련된 포로들만의 무덤에 간단히 묻히는 것으로 끝나는 것이지." 맹의순은 자신이 눈물로 임종을 지켜준 포로들이 떠나간 그 길을 따라 갔다.

'우린 천사를 보았다'

부산 거제리 포로수용소 중공군 병동의 환자들은 맹의순의 마지막 모습을 이렇게 기록했다. "선생은 새벽 한 시, 두 시면 늘 병동에 오셨습니다. 초저녁에 치료와 간병을 맡았던 사람들도 모두 물러가고 나서 중환자들이 심하고 무거운 고통에 시달리는 그 시간에 선생은 고통을 다스리는 천사로 우리들 앞에 오시는 것이었습니다. 선생은 하늘에서 보낸 천사였습니다. …마지막 환자를 다 씻기고 일어난 선생은 눈물을 닦을 생각도 하지 않고 시편 23편을 우리말로 더듬더듬 읽어 주셨습니다. 다 봉독하신 뒤 높은 곳을 바라보시며 다시 한 번 말씀하셨습니다. '내 잔이 넘치나이다. 내 잔이 넘치나이다.' 우리는 다 그의 얼굴을 보며 그 말씀을 따라 외었습니다. '내 잔이 넘치나이다. 내 잔이 넘치나이다.' 선생은 마지막 환자들 씻겨낸 물통과 대야를 들고 일어섰습니다. 그 순간 먼 곳을 바라보시던 그대로 그 자리에 쓰러지셨습니다."

　전쟁이라는 비극, 억울하게 포로수용소에 갇힌 분노, 환자들을 돌봐야
하는 수고 등 별로 감사할 제목이 없음에도 불구하고 그는 "내 잔이 넘치나
이다"라고 고백했다. 우리에게 그는 지난 시간을 돌아보며 이렇게 고백할
수 있을지를 묻는 듯 했다.

내 믿음을 기독교라 않는다
하나님이 아버지이심을 믿는 믿음일 뿐

　소설가 정연희는 하나님께서 자신의 생명에 문학이란 독특한 무늬를
그려줬다고 생각한다.

　"나는 내 믿음을 종교라 부르지 않는다. 기독교라고 이름하지도 않는
다. 생명이신 분, 사랑이신 분, 하나님이 아버지이심을 믿는 믿음일 뿐. 그
리고 나로서는 해결할 수 없는 죽음을 해결해 주신 예수, 그분의 십자가를
의지할 뿐이다. 얼마나 많은 신학자가 얼마나 많은 이성적인 사람들이 성
경을 두고 분석하고 예수 그분의 십자가를 두고 이론에 이론을 태산처럼
쌓아가도 나는 하나님의 비밀인 십자가의 신비와 사랑을 목숨 다하여 의

지할 뿐이다."(산문 '나는 왜 크리스천인가' 중에서)

그는 은혜받기 이전엔 인생의 본질적인 문제에 대해 눈을 뜰 수 없었다. 그러나 그리스도를 영접한 후 이전에 갖지 못했던 문학의 조화를 찾았다고 말했다. "영혼의 씨눈이 벗겨지자 내 죄가 보였다. 영혼의 씨눈이 떨어지자 생명의 존귀함이 보였고 창조의 아름다움이 보였으며 이웃이 보였다."

그는 1957년 동아일보 신춘문예에 '파류상'으로 등단한 후 1980년대 초 새로운 전기를 맞았다. 소설 '내 잔이 넘치나이다' 이후 선교 100주년을 맞아 선교사들이 만리타국에서 가지고 온 사랑이 무엇이었는지, 왜 그들은 이 땅에 목숨을 심지 않으면 안 되었는지에 대한 이야기를 담은 '양화진'(1984), 물질 숭배와 도시화의 그늘을 적나라하게 보여준 '난지도'(1985), 복음의 그루터기로 남은 순교자의 삶을 조명한 '순교자 주기철'(1997) 등을 발표했다. 기독교 윤리를 바탕으로 한 작품으로 죄와 구원의 문제를 다뤘다.

그는 한국소설가협회 이사장을 맡았고 현재 대한민국예술원 회원이다. '유주현문학상' '윤동주문학상' '김동리 문학상'을 수상했다. 작가는 현재 경기도 안성 '삼희동산'에서 창작과 묵상의 시간을 보내고 있다.

우리가 좇아야 할
북극성, 예수

대만 타이베이 양명산 기슭에 위치한 '린위탕 하우스' 발코니에서 바라본 전경

작가 · 문명비평가 린위탕(林語堂)/
대만 타이페이 린위탕하우스〈상〉

기독교는 그에게 '출발지점'이 아니라 오랜 추구 끝에 도달한 '목적지'였다.

중국 작가이며 문명비평가로 이름을 알린 린위탕(林語堂·1895~1976)은 동양과 서양의 문화를 흡수해 자기만의 사상을 구축한 세계적인 석학이다. 국내에선 '임어당'으로 많이 알려졌다. 그는 1937년 발표한 대표작 '생활의 발견'에서 자신이 '이교도'라고 선언했다. 그러나 22년이 지나 65세에 집필한 '이교도에서 기독교인으로'에서 자신이 긴 우회로를 돌아 기독교로 회귀하게 된 이유를 이렇게 설명했다.

"나는 내 도덕성에 직관적 지각과 중국인들이 잘 감지하는 '내면 깊은 곳에서 나오는 신호'에 이끌려 기독교회로 돌아왔다. 분명히 말해두지만 그 과정은 만만하지도 쉽지도 않았고, 내가 오랫동안 믿었던 것을 아무렇지도 않게 내버린 것도 아니다. 나는 달콤하고 고요한 생각의 초원을 걸었

저녁식사 후 차를 마시며 대화를 나눴던 린위탕 부부. 카페의 한
벽면을 가득 채운 이 사진은 방문객들의 시선을 사로잡는다.

고 아름다운 계곡을 보았다. 유교 인본주의의 대저택에 한동안 기거했고,
도교라는 산봉우리에 올라 그 장관을 보았으며, 무시무시한 허공 위에서
흩어지는 불교의 안개를 엿보았다. 그 이후에야 나는 최고봉에 해당하는
기독교 신앙에 올라 구름이 내려다보이는 햇살 가득한 세상에 도달했다."

'나는 동서양의 정신적 혼혈인'

중국 푸젠성 장저우에서 목사 아들로 태어난 린위탕은 엄격한 기독교
교육을 받으며 성장했다. 그 역시 목사가 되기 위해 상하이 세인트존스대
학에서 신학을 공부했지만 중단하고 미국 하버드대학과 독일 라이프치히
대학에서 언어학을 전공했다. 이후 베이징대학 교수로 초빙돼 문학비평과
음운학을 가르치면서 집필활동을 시작했다. 그는 1936년 뉴욕으로 건너가
영어로 수필을 쓰면서 중국문화를 알렸다. 당시 대표작 중에 하나가 '생활
의 발견'이다. 이후 해외에 중국을 알리는 작업을 계속해 중국 고전을 영어
로 번역했다.

그는 상아탑에 갇힌 학자가 아니었다. 영국과 미국 등지에서 항일운동을 지지하며 활동하던 그는 일본이 몰락한 뒤에도 중국 본토에 돌아가지 못했다. 그는 철저하게 국민당 정부를 지지했기 때문이다. 그는 홍콩과 미국을 오가며 작품 활동을 했고 1948년 유네스코 문학예술부장, 1954년 싱가포르 난양대학 총장을 지냈다. 1965년 이후엔 대만에 정착했다. 1966년 장제스 총통이 타이베이 북쪽에 위치한 양명산 기슭에 집을 지어줬다. 타이베이 공항에서 자동차로 1시간 거리이다.

린위탕이 말년에 10년 동안 살았던 고택을 찾았다. 타이베이 시 당국은 1985년 그의 문학적 업적을 기념하기 위해 고택을 '린위탕 기념도서관'으로 개관했다. 이후 2002년 리모델링을 거쳐 전시관과 카페를 겸한 '린위탕 하우스'로 운영하고 있다. 국경일과 월요일을 제외한 매일 오전 9시부터 오후 5시까지 개방된다.

양명산 기슭의 '린위탕 하우스'

스페인 건축양식과 중국 사합원 구조를 접목한 이 옛집은 서양과 동양, 현대와 고전이 공존하는 독특한 건물이다. 작가가 자신을 '동양과 서양의 정신적 혼혈인'이라고 표현한 말이 떠올랐다. 남색 기와와 덧칠해 놓은 듯한 질감의 흰벽, 막새, 회랑, 작은 연못 등은 중국식 정취가 다분하다. 반면 서양의 아치형 문과 스페인식 나선형 기둥, 상단의 모퉁이가 둥그스름한 격자창은 서양건축의 모습이다. 이 옛집을 지을 때 린위탕이 직접 건축 디자인에 참여한 것으로 알려졌다.

중국식 정원엔 고요함이 깃들어 있었다. 작은 연못에 물고기 몇 마리가 여유롭게 헤엄치고 있었다. 작가는 늘 부인과 함께 정원에서 아침식사를

스페인 건축양식과 중국사합원 구조를
접목한 '린위탕 하우스' 외관

했다고 한다. 그는 식사하면서 연못에서 헤엄치는 물고기도 구경하고 주
변의 청죽과 풍향수를 바라봤을 것이다. 바람에 연녹색 대나무 잎이 흔들
렸다. 정원을 걷다 문득 '그는 왜 기독교를 등지게 되었을까' '그는 어떤 이
유로 회심하게 되었을까' '그를 다시 복음으로 이끈 힘은 무엇일까'라는 질
문이 연못의 파문처럼 일어났다.

　작가는 어린 시절 산악지대에 살았기에 하나님의 위대함을 가까이 느
낄 수 있었다. 산봉우리를 쓰다듬는 아름다운 구름과 황혼녘의 노을, 시내
의 맑은 물소리 등, 이런 기억들은 자연 속에 살아계신 하나님과의 관계를
그의 가슴에 깊이 새겨줬다. 그러나 기독교 신앙을 버리고 목사가 되기를
포기했다. 당시 그는 많은 교회가 종교를 '일괄 포장'해서 팔고 싶어 하지만
그렇게 얻은 종교는 가치를 의심할 수밖에 없다고 여겼다. 신앙은 개인이
홀로 하나님과 대면하는, '개인과 신 사이에서 이뤄지는 문제'로 생각했다.

　예를 들자면 신학 교리에 들어있는 그리스도의 가르침은 그에게 싸구
려 액자 속 렘브란트의 초상화와 비슷해 보였다. 싸구려 액자가 렘브란트
그림에 집중하지 못하게 만들고 그 가치를 가리듯, 교리와 형식이 그리스

도의 가르침을 가린다고 봤다.

그는 윤리에 관한 한 기독교보다는 유교사상이 낫다고 여겨 열렬한 유교도로 돌아선 후 교회를 등지고 지냈다. 그러나 그는 하나님을 믿지 않은 적은 없었다.

"나는 하나님을 믿지 않은 적이 없고, 끊임없이 만족스러운 예배 형태를 추구해 왔지만, 교회의 신학이 나를 가로막았다. '이교도 시절'에도 여러 차례 부담 없이 교회 예배에 참석해 봤으나 그때마다 실망만 하고 돌아섰다."('이교도에서 기독교인으로' 중에서)

예수님의 재발견

그러던 그가 뉴욕에서 유네스코의 문학예술부장을 맡았을 무렵이었다. 아내를 따라 매디슨 애비뉴 장로교회를 찾았던 그는 비로소 하나님과의 인격적 일체감을 경험했다. 예수 이외에 아무도 없음을 그때야 배웠다. 당시 그는 뿌리 깊은 종교 가정에서 양육된 사람은 하늘과의 절연이 쉽지 않다는 것을 체휼했다.

"어느 날 나는 자리에서 몸을 비틀지 않고 처음부터 끝까지 넋을 놓고 집중해서 설교를 들을 수 있는 교회를 찾았다. 데이비드 리드 박사의 설교를 처음 들은 후, 나는 일요일마다 계속 그의 교회에 나갔다. … 우리는 반 년 동안 매디슨 애비뉴 장로교회에 다니다가 즐거운 마음으로 교인 등록을 마쳤다. … 나는 교회 가는 일이 즐거웠다. 교회에 있으면 예수 그리스도의 참된 정신에 가까이 있을 수 있기 때문이었다."('이도교에서 기독교인으로' 중에서)

기나긴 여정 끝에 자신에게 가장 잘 맞는 기독교로 돌아온 그는 천국에
좌석이 예약돼 있다고 믿는 이들에게는 관심이 없었다. '내가 믿는 것이 옳
은 것인가' '나는 어디로 가고 있는가'라고 묻는 이들에게 관심이 있었다.

그는 '이교도에서 기독교인으로'에서 사복음서를 읽으면 누구라도 하
나님이 자신을 사랑으로 드러내시는 현재의 계시를 분명하게 느낄 수 있
을 거라고 권면한다.

"평안을 너희에게 끼치노니 곧 나의 평안을 너희에게 주노라. 내가 너
희에게 주는 것은 세상이 주는 것과 같지 아니하니라. 너희는 마음에 근심
하지도 말고 두려워하지도 말라'(요 14:27) 여기에 담긴 순전한 고결함을
다음 말씀에서도 볼 수 있다. '수고하고 무거운 짐 진 자들아. 다 내게로 오
라. 내가 너희를 쉬게 하리라'(마 11:28) 이것이 예수의 온유한 음성이며 지
난 2천년 동안 사람들의 마음을 사로잡았던 강력한 음성, 위엄 있는 음성
이다."

부부의 사진이 놓인 소박한 침실

소명의 발견을 위한 장소

'린위탕 하우스'의 한 벽면을 차지한 사진에 이끌려 카페 안으로 들어갔다. 차를 마시는 다정한 작가 부부의 모습이 담긴 사진엔 '청명한 아침 잠자리 속에서 마음을 가라앉히고, 도대체 이 세상에서 참으로 기쁨을 주는 것은 무엇일까 하고 생각해보면 늘 음식이 가장 먼저 떠오름을 알게 된다. -생활의 발견 중에서'라고 쓰여 있다.

카페의 발코니는 그가 생전에 저녁 식사 후 아내와 차를 마시며 해가 저무는 관음산을 바라봤던 장소다. 그곳에 서니 타이베이 시내가 내려다보였다. 사복음서의 예수를 재발견하고 예수의 생애 전체가 '계시'라는 것을 확신한 린위탕은 이곳에서 또 무엇을 발견했을까. 한낮의 해가 기울고 있었다.

소중한 삶을
발견하라

작가 · 문명비평가 린위탕(林語堂)/ 대만 타이페이 린위탕하우스〈하〉

"내 어린 시절에 영향을 크게 미친 몇 가지가 있다. 첫째는 그곳의 산수 (山水)였고, 둘째는 불가사의한 이상주의자 아버지였고, 셋째는 가족 간의 사랑이 바다와 같았던 기독교 가정이었다."(린위탕의 자서전 '팔십자서 (八十自敍)' 중에서)

린위탕은 기독교 가정에서 성장했다. 가족 모두가 할머니와 아버지를 따라 신앙을 가졌다. 그는 아버지를 '불가사의한 이상주의자'로 표현하곤 했다. 당시 가정환경으로는 바랄 수 없는 것들을 꿈꿨기 때문이다. 결국 그대로 됐지만, 이를테면 아들이 상하이 세인트존스대학이나 미국 하버드대학 등에서 공부하길 바랐다. 목사인 아버지는 힘겹게 사는 사람들의 문제를 위해 앞장섰고, 성경 말씀으로 자녀를 양육했다. 이런 환경은 분명 작가의 문학적 토양에 깊은 영향을 미쳤을 것이다.

린위탕은 소학교에서 대학까지 모두 미션스쿨을 다녔다. 기독교에 대한 믿음과 열정은 청년시절 한때 사그러들긴 했지만 평생 신앙을 떠난 적은 없었다. 그는 저서 '이교도에서 기독교인으로'에서 "기독교 신앙을 따라 햇살 가득한 세상에 도달했다"고 고백했다. 그가 세인트존스대학을 졸업한 후 청화학교 교사로 부임했을 때, 영어를 가르치는 것 외에 자연스럽게

부부가 사용한 소파가 놓인 거실

성경반을 맡았고, 성탄절 축하회 의장을 맡은 것을 보면 알 수 있다. 그는 부모의 권유로 상하이 세인트메리학교를 졸업한 랴오추이펑과 1919년 결혼했다. 슬하에 세 명의 딸을 두었다.

린위탕의 이름을 세상에 알린 그의 에세이들은 생활철학과 인생에 대한 체험을 재치 있게 피력했다. 그는 맹목적인 국수주의에서 탈피해 어느 민족에나 공통된 보편적인 삶의 가치를 추구했다. 보다 나은 삶에 대한 동경과 추구가 그의 에세이를 꿰뚫고 있는 기본 테마이다. 가난과 절망 속에서도 유머를 잃지 않았다. 돈이 완전히 떨어지고, 아내의 물건까지 다 내다 팔아 끼니조차 어렵게 됐을 때도 생활 신념인 '서정 철학'으로 이겨 나갔다. 서정 철학이란 스스로 힘의 한계를 느끼지만 꾸준히 할 일을 하고, 그 일이 뜻대로 되지 않아도 절망 대신 운명을 개척할 마음의 여유를 갖는 것이다.

고택 정원에 잠들다

대만 타이페이 양명산 중턱에 위치한 '린위탕 하우스'는 린위탕이 말년에 10년 동안 살았던 곳이다. 낮에는 유유히 떠다니는 구름을, 저녁에는 석양에 서서히 물들어가는 산을 볼 수 있으며, 밤에는 휘황찬란한 불빛이 펼쳐진 야경을 구경할 수 있다. 린위탕의 서정 철학이 담긴 수필집 '생활의 발견'을 보면 삶에 대한 그의 태도를 알 수 있어 흥미롭다. 그는

린위탕이 평소에 사용했던 타자기

집의 내부 구조보다 집이 세워진 위치를 중요하게 여겼다.

"집을 선택할 때는 집의 내부 구조보다도 집 안에서 본 전망이 어떤가 하는 것이 중요하다. 집이 세워져 있는 위치와 주위의 경치가 중요한 것이다. 산 위에 모여 앉은 흰 구름이나 공중을 나는 새, 높은 벼랑 위에서 떨어지는 폭포, 새소리의 자연스러운 심포니 등 바라보이는 모든 경치는 자기 것이기 때문이다."

고택 안 정갈한 정원의 징검다리가 방문객을 아시아의 지성으로 불리는 린위탕의 묘소 앞으로 이끌었다. 묘소 앞엔 평소 그가 즐겼던 차 한 잔과 익소라 꽃이 활짝 핀 나뭇가지가 놓여 있었다.

그는 만년에 언제 소멸될지 모르는 바람 앞의 다 타버린 촛불과 같은 인생의 막바지에 와 있음을 잘 알고 있었다. 부부는 두 딸이 살고 있던 홍콩에 머무는 시간이 더 많아졌지만 정원이 딸린 이 집에서 은거하기를 좋

린위탕 하우스 건물 안에 들어서면 보이는 정원과 카페 입구

아했다. 그러나 1971년 우울증으로 목숨을 끊은 첫째 딸로 인해 작가는 정신적으로 큰 충격을 받고 급격히 병약해졌다. 1974년 대만 문화계가 열어준 80세 생일 파티 이후 외부 생활을 사실상 마감하고, 1976년 82세를 일기로 홍콩에서 세상을 떠났다. 대만 그레이스침례교회에서 추모식이 진행됐으며 지인들은 그의 관에 성경을 함께 넣었다. 작가가 잠들어 있는 묘소는 평소 그가 텐무 시내를 즐겨 바라보았던 장소였다.

발가락 해방, 두뇌의 해방

린위탕은 동서양 문화를 흡수해 독특한 자기만의 사상을 구축한 작가다. 사상의 중심은 자연과 인간에 대한 사랑, 인간애와 유머이다. 평생 50권 넘는 책을 번역하고 편찬했다. 작가의 삶의 흔적이 남아 있는 고택 거실엔 그가 보았던 책들과 사용했던 책상, 의자, 소파 등이 그대로 남겨져 있다. 서재의 창가에는 둘째 딸 린타이이이(林太乙)가 선물한 탁상 등과 확대

경이 있고 청화 붓꽂이, 서류 집게, 타자기, 옥스퍼드 영어 사전 등 문방도구들이 가지런히 놓여 있다. 평소 린위탕은 이 창가에 앉아 창작에 몰두하기도 하고 독서도 했을 것이다. 손때 묻은 책들을 보며 "누구나 읽어야 하는 책은 없지만 읽어야 할 시기는 있다"고 한 작가의 말을 기억했다.

"세상엔 누구나 읽어야 하는 책이란 없다. 있다면 누군가가 언제 어디서 어떤 사정 하에 생의 어느 시기에 읽어야만 할 뿐이다. 나는 오히려 독서는 결혼처럼 운명이나 인연에 의해 결정된다고 생각한다. 성서와 같은 종류의 책은 만인이 모두 읽어야 하지만 역시 읽어야 할 시기가 있다. 양서는 두 번 읽으면 얻는 바도 크거니와 재미 또한 새롭다."('생활의 발견' 중에서)

그는 소설가 산문가 철학자였을 뿐만 아니라 뛰어난 어문학자이자 어휘학자였다. 책장엔 린위탕이 생의 최후 10년간 편집한 중국어·영어 사전 복사판과 친필원고와 저서, 도서들이 꽂혀 있다. 그는 다수 작품을 영어로 창작했는데 그중 '오국여오민(吾國與吾民)' '생활의 발견(生活的藝術)' '경화연운(京華煙雲)'을 대표작으로 꼽을 수 있다. 특히 '경화연운'은 4차례나 노벨 문학상 후보로 올랐다.

서재와 잇닿은 침실은 대체로 소박하고 편안해 보였다. 침대와 책상, 안경, 붓꽂이, 문진, 전화기 등이 놓여 있고 모퉁이에 가족사진과 아내의 사진이 놓여 있다. 이곳에서 누워 생각에 잠겼을 작가를 떠올려봤다. 그는 잠자리에서 한 시간가량 조용히 있는 것이 사색가나 발명가, 사상가에게 매우 효과가 있다고 여겼다.

"파자마 하나만 입고 편히 침대 위에서 다리를 뻗거나 웅크릴 때야말로 정말 사업적 두뇌로 사고할 수 있는 것이다. 발가락이 해방돼 있을 때만이 두뇌는 해방되고, 두뇌가 해방돼 있을 때만이 참된 사고가 가능하기 때문이다. 그 같은 편안한 상태로 있으면 어제의 성과와 과오에 대해 심사숙고하고 오늘 해야 할 계획 중에서 중요한 일과 중요하지 않은 일을 판별할 수 있는 것이다."('생활의 발견' 중에서)

그는 서예와 그림, 전각까지 섭렵했다. 거실엔 그가 쓰고 그렸던 작품들이 전시돼 있다. 주방 식탁 의자엔 새를 연상시키는 상형문자가 조각돼 있어 눈길을 끌었다. 린위탕이 그의 아내를 위해 직접 만든 심벌이다. 그는 가구마다 이 심벌을 직접 새겨 아내에게 사랑한다는 것을 간접적으로 표현했다.

전시실엔 린위탕이 발명한 '명쾌 타자기'가 있었다. 그는 1920년 중국에 있을 때부터 중문 타자기를 발명하려고 고심했다. 한자는 획수도 많고 복잡했지만 26자의 알파벳으로 이루어진 영문과 대응되게 할 수 있다고 생각했다. 명쾌 타자기는 오랜 기간 많은 비용을 투자해 발명에 성공했지만 실용화되지 못해 그는 많은 빚을 지게 됐다. 타자기의 부속품이 비싼 데다 중국 대륙이 공산화되는 바람에 타자기를 제조하지 못했다.

나의 아버지 린위탕

린위탕의 둘째 딸 린타이이는 미국 컬럼비아대학을 졸업하고 예일대학 중문과에서 교편을 잡았으며 23년 동안 '리더스 다이제스트' 중국어판인 '독자문적(讀者文摘)'의 편집장을 맡았다. 그는 에세이 '나의 아버지 린위탕'에서 이렇게 아버지를 추모했다.

"아버지는 삶을 '학문을 추구하는 끝없는 여정'으로 보고 있었다. 그는 각국 철학자들의 학설을 폭넓게 탐구했다. 마치 탐험가처럼 고산준령을 쫓아 오르고 대양과 대하를 건너며 인생과 우주에 대하여 더욱 깊은 이해를 하려고 애썼으며 자신의 사랑과 감정을 그대로 기록하곤 했다. 일에 열중해 있다가 틈을 내어 서재에서 나오는 그를 보면 꼭 세계 일주에 나섰다가 창상지변(滄桑之變)의 파란곡절을 겪고 돌아온 이 같았다."

또 그는 이 글을 통해 "작가가 되는 데 가장 중요한 것은 사람과 주위 사물에 대해 남들보다 더욱 깊은 감각과 깨달음을 갖는 것"이라고 말했던 부친을 오랫동안 기억하고 있다고 말했다.

린위탕은 1936년부터 30년 넘게 미국에서 살았지만 미국 국적을 취득

하지 않았다. 적지 않은 돈을 벌었지만 집도 사지 않았다. 언젠가 고국에
돌아가리라 생각했다. 그는 친지들에게 "많은 사람들이 내게 미국 국적을
취득하라 권했지만, 이곳은 내가 뿌리를 내릴 곳이 아니기 때문에 지금까
지 집을 사지 않고 월세를 내며 살았다"고 했다.

그가 만년에 대만에 정착하게 된 것은 진한 민족의식, 향토애와 관계가
있다. 그는 대만에서 고향의 사투리를 듣는 것이 인생의 즐거운 일 중 하
나라고 했다. 그는 평소 "선(善)은 곧 생명이며, 어떤 고난에도 굴하지 않고
착하게 사는 것은 그 자체가 이미 일종의 행복"이라고 강조해 왔다. 작은
일상에서 행복을 찾는 지혜를 일깨워준 작가로 기억되고 싶어한다.

소중한 삶을 발견하라 - '생활의 발견'

"세상에서 행복이라는 것은 소극적인 경우가 굉장히 많다고 본다. 다
시 말해서 슬픔, 괴로움, 육체적인 고통이 전혀 없는 상태를 행복한 상태라

고 말하기 때문이다. 그러나 적극적인 행복도 있을 수 있으며, 우리들은 그러한 경우를 환희라고 부른다. 늘어지게 실컷 잠을 자고 난 뒤 아침에 눈을 뜨고 새벽의 공기를 들이마시면 폐가 부풀대로 부푼다. 그러면 이어 깊이 숨을 들이쉬고 싶어지고 가슴 근처의 피부와 근육에 유쾌한 운동 감각이 일어난다. 자아, 이젠 일도 할 수 있겠다는 느낌이 든다."('생활의 발견' 중에서)

문명비평가로 동양과 서양의 문화를 한 몸에 흡수한 중국의 석학 린위탕이 1937년 '생활의 예술(The Importance of Living)'을 영문으로 출판하자 서구인들은 기상천외한 발상과 주도면밀한 이론 전개에 경탄했다. 놀라운 반응은 기하급수적으로 전 세계 지성인들 사이로 퍼져 나갔다. 이 책은 1938년 미국에서 베스트셀러가 됐으며 12개 언어로 번역 출간 됐다. 국내에는 '생활의 발견'으로 출간됐다. 어떻게 살아가야 행복한 삶을 마칠 수 있는가에 대한 독특한 견해를 중국 여러 고전에서 끌어내 설명한다.

린위탕처럼 생각하기

우리가 좇아야 할 북극성, 예수

"하나님의 진리의 빛은 눈부시게 순수한 영의 빛이었고 다른 어떤 가르침도 비길 수 없었다. 그리고 그분이 더 나아가 용서를 가르치고 자신의 삶으로 용서의 본을 보이셨을 때, 나는 그분을 인류의 참된 주님이자 구세주로 받아들였다. 오직 예수만이 하나님에 대한 직접적인 지식을 우리에게 전해줄 수 있었다."('이교도에서 기독교인으로' 중에서)

린위탕이 회심의 순간을 표현한 글이다. 그를 회심케 한 것은 조건 없는 '용서와 사랑의 힘'이 아니었을까. 그는 "너희가 여기 내 형제 중에 지극히 작은 자 하나에게 한 것이 곧 내게 한 것이니라(마 25:40)는 예수의 가르침을 들었을 때, 예수가 유일한 참스승임을 실감했다. 또 그분의 말씀이 들리는 곳마다 왜 모든 이에게 존경과 예배의 대상이 되는지 이해됐다"고 고백했다. 그는 스승을 향한 제자들의 강력한 사랑의 힘이 기독교회의 시작이었다고 여겼다.

"예수께서는 교리 없이 제자들 안에 그가 창조해내신 장엄한 사랑의 힘으로 교회를 세우셨다. … 인간이 영과 진리로 하나님을 예배하는 형식은 동일한 목적에 도달하기 위해 개인마다 달리 선택하는 수단일 뿐이다. 형식은 그리스도와의 교제라는 목표로 우리를 이끌어줄 때만 가치를 발휘한다. 그렇지 못할 경우 아무 쓸데가 없다."('이교도에서 기독교인으로' 중에서)

작가는 그리스도 앞에 있을 때 사람들은 자신이 죄인이라고 느끼기보다 더 나은 사람, 더 가치 있는 사람이라 느껴야 한다고 생각했다. 그리스도의 사랑을 경험한 그는 늘 그리스도 앞에 더 가치 있는 사람으로 서길 원했다.

2부

내가 거름이
돼 별처럼
고운 꽃이
피어난다면

"내가 거름이 돼
별처럼 고운 꽃이 피어난 다면"

경북 안동시 일직면 조탑리 빌뱅이 언덕의 권
정생 작가의 토담집으로 가는 산책로. 동화
'강아지똥'의 배경이 된 돌담길이다

아동문학가 권정생/ 안동 토담집

세상에 쓸모없는 사람은 없다. 누구든 자신의 존재 의미를 발견하면 자신을 사랑하고 생명의 소중함을 깨닫게 된다. 평생 낮은 자리에서 소박하게 살며, 작고 보잘것없는 것에 대한 애정과 굴곡진 삶을 사는 이웃의 이야기를 가슴 뭉클하게 그려낸 아동문학가 권정생(1937~2007)은 '성자가 된 종지기'로 불린다.

평생 무소유의 삶을 실천했고, 20대 전후로 얻은 폐결핵과 늑막염 등의 질병 속에서도 굴하지 않고 생명의 숭고함을 알리는 아름다운 동화를 썼다. 그는 나눔을 위해 스스로 가난해졌다. 90여 편의 작품에서 들어오는 연 인세 1억원과 10억원의 자산이 있었지만 비료부대로 부채를 만들어 쓰고 "생활비로 월 5만원이면 좀 빠듯하고 10만원이면 너무 많다"는 고민을 하며 살았다. 자산은 그의 유언에 따라 가난한 어린이들을 위해 사용되고 있다.

'쓸모없는 사람은 없다'

그가 24년 동안 살았던 경북 안동시 조탑리 7번지 작은 토담집으로 가는 돌담길엔 이제 막 시작된 겨울 햇살이 걸쳐 있었다. 대표작인 단편 동화 '강아지똥'의 배경이 된 장소다. 어디선가 돌이네 흰둥이가 달려 나올 듯했다.

작가는 비 오는 어느 날 산책길에서 강아지똥이 잘게 부서진 자리에 민들레꽃이 핀 것을 봤다. 사람들은 민들레꽃에게 눈길을 주었지만 그는 강아지똥에서 눈을 떼지 못했다.

일직교회와 종탑

"강아지똥을 쓴 게 1968년 가을부터 1969년 봄까지였지요. 그때까지만 해도 꽃, 해님, 별같이 눈에 잘 보이는 것만 아름답다고 생각했나 봅니다. 그래서 저는 잘 보이는 것보다 보이지 않는 게 더 아름다울 수 있다고 생각을 바꾼 거죠. 버려지고 숨겨진 목숨을 찾아 그것들을 이야기로 썼던 겁니다."('먹구렁이 기차' 서문 중에서)

그는 '하나님은 세상에 쓸데없는 것은 하나도 만들지 않으셨다'는 진리를 전하기 위해 아름다운 동화를 썼다.

마른 나뭇가지가 드리워진 겨울의 돌담길 한구석에 흰 강아지 한 마리가 조그맣고 모락모락 김이 나는 똥을 눴다. 강아지똥이다. 날아가던 참새가 "에구 더러워"하며 지나간다. 소달구지에서 떨어진 흙덩이조차 "너는 똥 중에서도 가장 더러운 개똥"이라고 놀리자, 강아지똥은 서러워 울어버린다. 미안해진 흙덩이가 강아지똥을 위로한다. "하나님은 쓸데없는 물건은 하나도 만들지 않으셨어. 너도 꼭 무엇엔가 귀하게 쓰일 거야."
봄이 오자 강아지똥 옆에 조그맣게 민들레 싹이 텄다. 민들레는 자신이 꽃을 피우려면 비와 햇빛 외에 강아지똥 도움이 필요하다고 속삭인다. "너의 몸뚱이를 고스란히 녹여 내 몸속으로 들어와야 해. 예쁜 꽃을 피게 하는 것은 바로 네가 하는 거야." 강아지똥은 벅차오르는 기쁨에 그만 민들레 싹을 꼬옥 껴안으며 "내가 거름이 돼 별처럼 고운 꽃이 피어난다면, 온몸을 녹여 네 살이 될게"라고 말한다. 사흘 동안 긴 비가 내리고 강아지똥은 잘디잘게 부서져 활짝 핀 민들레꽃의 고운 향기가 된다. '강아지똥'의 줄거리다.

도토리 예배당 종지기 아저씨

그가 1968년부터 16년간 교회 종지기로 살았던 일직교회 마당엔 종탑이 세워져 있다. 종탑엔 '종 치셔도 됩니다'라고 쓰여 있다. 긴 종 줄을 힘껏 잡아당기니 묵직하고 아름다운 종소리가 마을에 퍼졌다. 한 사람의 생애와 삶의 흔적들이 조각보처럼 펼쳐지는 듯했다.

권정생은 1930년대에 일본으로 건너간 한국인 노무자의 아들로 도쿄에서 태어났다. 보릿고개가 고통스러웠던 1946년 봄, 그는 외가가 있던 경북 청송으로 돌아왔다. 먹을 것이 없어 가족들이 뿔뿔이 흩어졌다. 이런 작가의 삶은 동화 '몽실 언니'에 그대로 투영됐다.

떠돌이 생활을 접고 1968년부터 경북 안동 일직교회 문간방에 살았다. 겨울이면 종 줄에 성에가 끼고 꼬장꼬장 얼어 손이 시렸지만 맨손으로 종을 쳤다. "새벽종소리는 가난하고 소외받고 아픈 이가 듣고, 벌레며 길가에 구르는 돌멩이도 듣는데 어떻게 따뜻한 손으로 칠 수 있나요"그가 맨손으로 종을 치는 이유였다.

"불치병을 가진 아랫마을 아이의 건강을, 이 새벽에도 혼자 외롭게 주무시는 핏골산 밑 할머니의 앞날을, 통일이 와야만 할아버지를 뵐 수 있다는 윗마을 승국이 형제의 소원을, 어서어서 예수님이 오시는 그날이 와서 전쟁이 없어지고, 주림이 없어지고, 슬픔과 괴로움이 없어지고."(산문 '새벽종을 치면서' 중에서)

당시 일직교회 예배당과 종탑, 그리고 권정생 문학의 산실이었던 문간방의 원형은 남아 있지 않다. 종탑도 그가 작고한 후 종탑을 보러 오는 사람들을 위해 교회가 다시 세운 것이다. 그가 종지기를 그만둔 것은 83년 교회에 차임벨이 보급되면서였다. 그 무렵 그는 교회 문간방에서 집필한 작품의 인세 60만원으로 교회 청년들과 함께 빌배산 빌뱅이 언덕에 흙집을 지었다. 그가 흙집 지을 장소를 고르면서 제일 먼저 내세운 것이 교회가 보이는 곳이었다. 얼마나 주일학교 아이들을 사랑했는지, 아이들이 저 멀리 교회에서 빌뱅이 흙집을 향해 "선생님!" 하고 부를까봐 화장실조차 교회가 보이는 방향으로 두었다.

빌뱅이 언덕에 지어진 권정생 작가의 토담집 전경. 권 작가는 이곳에서 바라보는 저녁노을을 좋아했다.

세상의 언니, 몽실 언니

권정생의 삶은 고스란히 문학이 됐다. 교회문간방에 살면서 '도토리 예배당 종지기 아저씨' '새벽종을 치면서'를 썼다. 모진 풍파를 겪으면서도 병든 아들을 간호하고 집을 건사하느라 고생한 어머니를 떠올리며 '무명 저고리와 엄마' '어머니 사시는 그 나라에는'을 썼다. 그는 생의 아름다움과 공존의 이유를 자연과 생명, 어린이, 가난한 이웃 등의 입을 빌려 담담히 이야기한다.

'몽실 언니' 속에서 주인공 몽실은 살강마을(안동시 임하면)에 살다가 단지 밥을 얻어먹기 위해 남편을 바꾸는 어머니를 따라서 댓골마을(안동시 화목리)로 간다. 몽실에겐 살강마을이나 댓골마을이나 다 똑같다. 친아버지와 새아버지도 똑같이 불쌍했다.

"몽실은 우리가 알고 있는 착한 것과 나쁜 것을 좀 다르게 이야기합니다. 아버지를 떠난 어머니를 나쁘다 않고 용서합니다. 검둥이 아기를 버린 어머니를 사람들이 욕할 때도 몽실은 그 욕하는 사람들을 오히려 나무랍니다. 몽실은 아주 조그만 불행도 그 뒤에 아주 큰 원인이 있다고 생각합니다. 조그만 이야기지만 우리 모두 몽실 언니한테서 그 조그마한 것이라도 배웠으면 합니다."('몽실 언니' 작가의 말 중에서)

'몽실 언니'는 삶의 고난을 끌어안는 세상의 언니였고 우리가 회복해야 할 인간상으로 다가온다.

토담집 댓돌 위에 누군가 갖다 놓은 꽃다발이 있었다. 그가 앉았던 툇마루에 앉아서 찬찬히 풍경을 바라봤다. 붉은 산수유열매, 개나리 덤불 밑에 우두커니 자리 잡은 뺑덕이(강아지이름)의 집, 빨래가 없는 빨랫줄, 마당에 핀 이름 모를 풀들…. 소박하지만 아름다운 한 폭의 그림 같았다.

그는 이곳에서 '오소리네 집 꽃밭'이라는 동화를 썼다. 빌뱅이 언덕 뒷산에는 오소리네 집 꽃밭처럼 사람의 손 하나 댈 필요가 없는 아름다운 꽃밭이 있다. 그는 평생 문우인 이오덕에게 보낸 편지에 "따뜻하고 조용하고 그리고 마음대로 외로울 수 있고, 아플 수 있고, 생각에 젖을 수 있어 참 좋은 집"이라고 썼다.

그의 삶의 땀이 밴 유품은 일직교회에서 승용차로 10분 거리에 있는 '권정생 동화나라'(안동시 일직면 성남길 119)에서 만날 수 있다.

예수님이 계시지 않았다면
나는 이 세상에서 가장 불쌍한 사람

"그래 그것이면 족한 것이다. 나는 거지 나사로를 알고부터 세상을 보는 눈을 달리했다. 천국이라는 것, 행복이라는 것, 아름다움이라는 것을 여태까지와는 거꾸로 보게 됐다. 내가 다섯 살 때 환상으로 본 그리스도와 십자가의 의미도 조금씩 알게 됐다. 거듭나는 과정은 아마 이렇게 서서히 이루어지는지도 모른다. 그리스도를 믿는 것은 가장 인간답게 사는 것이다."('빌뱅이 언덕' 중에서)

권정생이 거지로 떠돌 때 친절을 베풀어준 사람은 가난한 이웃들이었다. 그들의 아름다운 마음과 따뜻한 손길에서 그가 느낀 것은 예수의 사랑이었다. 그제야 그는 다섯 살 때 환상으로 본 그리스도와 십자가 의미를 알게 됐다고 한다.

1966년 콩팥과 방광을 들어내는 대수술을 받고 의사로부터 2년이란 시한부 선고를 받았다. 하지만 '강아지똥'을 쓰며 그 기한을 넘겼다. 그는 죽음의 두려움에서 벗어났다. 강아지똥이 거름이 돼 민들레꽃을 피우는 이야기는 누구보다 자신에게 위안이 됐다. "내가 거름이 돼 별처럼 고운 꽃이 피어난다면, 온몸을 녹여 네 살이 될게"라는 강아지똥의 말은 바로 작가 마음이고 예수님의 마음이었다.

그는 훗날 "내가 예배당 문간방에 살면서 새벽종을 울리던 때가 진짜 하나님을 만나는 귀한 시간이었고 하나님과 예수님이 계시지 않았다면 이 세상에서 나는 가장 불쌍한 사람"이라고 회상했다.

아이들의 큰 그늘 되다,
예수 마음으로

충청북도 충주시 이오덕학교 내부

아동 문학가 이오덕/
충주 무너미마을 집

"아무도 없는 교실에는 때 묻고 찌그러진 조그만 책상들이 60여 개 나란히, 꼭 아이들이 귀엽게 나를 쳐다보는 것 같다. 내일 아침이면 또다시, 온갖 희망과 걱정과 슬픔을 안고 67명의 어린 생명들은 이 교실을 찾아올 것이다. 교사라는 내 위치가 새삼 두려워진다. 이렇게 괴로운 시대에 내가 참 어처구니없는 기계가 돼 어린 생명들을 짓밟고 있는 것이 아닐까 생각할 때 견딜 수 없는 심정이 된다. 두고두고 생각해 보자. 어떻게 이 아이들을 키워 갈 것인가? 어떻게 하면 아이들의 세계에 파고들어 가 그들과 함께 살아갈 수 있을 것인가?"(이오덕의 1962년 9월 21일 일기 중에서)

평생 사람을 살리는 교육, 우리글과 우리말을 살리는 운동에 헌신해 온 이오덕(1925~2003). 그는 42년 동안 교육 현장을 지켜온 교육자이자 시, 수필, 동시, 동화, 평론을 발표한 문학가이다. 또 우리글 바로 쓰기에 관한 책을 쓴 언어학자이기도 하다. 그는 아이들과 함께한 삶에서 길을 찾고 마지막까지 그 길을 걸었다. 그의 교육사상은 어린이의 순수함에 대한 신뢰와 그들의 정직한 삶을 위한 열망 위에 자리 잡고 있으며, 어린 시절 주일학교에서 경험한 신앙이 밑바탕이 됐다.

"평화를 주세요/ 평등을 주세요/ 자유를 주세요/ 기쁨을 주세요/ 빛을 주세요/ 아침 이슬을 온몸으로 안고 있는 풀잎같이!"(이오덕의 '풀잎의 시')

나무처럼 산처럼 살다 간 사람

그가 생의 마지막 시기를 보낸 충북 충주시 신니면 무너미마을을 찾았을 땐 300년이 넘은 아름드리 느티나무가 바람을 머리에 이고 조금씩 붉게 물들고 있었다. 그 뒤로 고요한 가을 하늘이 올려다 보이는 마당을 지나면 아담한 돌집이 나온다. 그가 1999년부터 2003년까지 기거하며 집필했던 곳이다. 지금은 아무도 살지 않아 나무와 풀만 우거져 있다.

그는 무너미마을에 살면서 연수원(현재 이오덕학교)이 있는 고든박골을 자주 오르내렸다. 집 마당과 마을길과 숲에서 만나는 나무와 풀과 딸기와 개와 새와 이야기를 나누었다. 또 하늘과 구름과 안개와 바람을 온몸으로 느끼며 글을 썼다. 시집 '무너미마을 느티나무 아래서' '고든박골 가는 길', 수필집 '나무처럼 산처럼'의 배경이 된 곳이다.

"고든박골 갔다가/ 돌아오는 길은/ 부용산 서쪽자락 너머로/ 지는 해 바라보며 오는 길에~하느님은 그래도 우리 이 몹쓸 인간을 생각해서/ 맑은 하늘을 주시어 벼가 익게 하시고/ 옥수수를 따먹게 하시고"(시 '고든박골 가는 길 4)

아동문학가 이오덕이
머물며 글을 썼던 돌집.

무너미마을에서 10분쯤 걸어가면 고든박골에 이오덕학교가 있다. 학교가 있는 그 골짜기가 '밭이랑을 곧게 만들 수 있는 곳'이라고 해서 '곧은밭골'이라고 했는데, 입말대로 옮기다 보니 고든박골이 됐다. 학교 앞엔 가지를 잘라내 수확만 남겨둔 황토빛 고구마밭이 시야를 꽉 채웠다. 밭이랑이 곧게 뻗어 있었다. 학교 안에 이오덕 시비가 세워져 있다.

"새 한 마리/ 하늘을 간다/ 저쪽 산이/ 어서 오라고/ 부른다./ 어머니 품에 안기려는/ 아기 같이/ 좋아서 어쩔 줄 모르고/ 날아가는구나!"('새와 산)

학교 뒷산으로 올라가니 그가 생전에 가끔씩 낮잠을 잤던 양지 바른 곳에 그의 묘가 있다. "죽어서 땅이 되고 싶다"고 말했던 그가 한줌 흙이 되었다.

아이들을 살리는 교육

이오덕은 '아이들을 억누르는 교육'과 '인간성 죽이는 교육'을 거부했다. 아이들과 산을 오르고, 냇가에서 물놀이를 하면서 '일과 놀이와 공부가 하나로 된 삶'을 즐기게 했다. 꺾인 해바라기를 안타까워하고, 교실 안에 잘못 들어온 새를 날려 보내며 아이들과 함께 생명의 존귀함을 느꼈다.

아동문학에서 그가 비판했던 것은 아이들을 지나치게 미화하고 관념화함으로써 현실을 외면케 한다는 것이다. 이른바 '동심(童心) 천사주의'를

아동문학가 이오덕은 생의 마지막 시기를 충북 충주시 무너미마을에서 보냈다.
아름드리느티나무 뒤편으로 그가 살던 아담한 돌집이 있다.

깨고자 했다. 어른들의 글을 흉내 내는 기교로 글 '짓는 것'이 아니라 자신의 생각과 느낌으로 '쓰는 것'이어야 한다는 것이다. 아이들이 생활에서 우러난 '글쓰기'를 할 때 어린이는 모두 시인임을 보여준 책이 그가 엮은 농촌 아이들의 시모음집 '일하는 아이들'과 산문집 '우리도 크면 농부가 되겠지' 등이다.

"아버지하고/ 동장네 집에 가서/ 비료를 지고 오는데/ 하도 무거워서/ 눈물이 나왔다…제비야/ 비료 져다 우리 집에/ 갖다 다오 하니/ 아무 말 안 한다/ 제비는 푸른 하늘 다 구경하고/ 나는 슬픈 생각이 났다."(안동 대곡분교 3학년 정창교가 1970년 6월 13일에 쓴 '비료지기')

예수님처럼 아이들을 소중하게

그에게 정서적 토양을 만들어 준 고향 경북 청송의 화목마을로 향했다. 이오덕은 경북 청송군 현서면 덕계리의 기독교 가정에서 태어났다. 이름 오덕은 태어난 해, 오(五)와 덕계리에서 덕(德)을 따온 것이다. 유교집안에서 홀로 기독교를 믿게 된 그의 아버지(이규하 장로)는 신앙생활을 위해 1900년 초 의성 사곡에서 화목으로 솔가해 화목교회를 세우고 전도활동을 했다.

당시 주일학교에서 배운 동요와 동화, 초등학교 때 선생님이 읽어주신 문학작품, 아름다운 자연 환경, 현대사와 밀접한 관계를 맺고 있던 지역사회가 교육사상의 바탕이 됐다. 비록 식민지 치하였지만 자연 속에서 마음껏 뛰놀면서 자란 일과 어린 시절, 주일학교에서 배운 노래와 동화를 그는 평생 즐겁게 기억했다. 이런 바탕이 교육 현장에서 부딪치는 여러 가지 문제에 대한 옳고 그름을 구별하는 잣대가 되었다. 아이들을 예수처럼 소중하게 섬기는 정신은 그가 일생 동안 지켜가려던 정신이었다.

"그가 40년 동안 쓴 일기를 보면 여러 곳에서 신앙고백을 하거나 기도문을 써놓았다. 이런 속내와 그의 삶의 궤적을 볼 때 그가 평생 지켜온 어린이관과 동심론 바탕에는 기독교 사상이 견고하게 자리 잡고 있음을 알수 있다. 방정환의 동심론이 천도교 믿음을 바탕으로 하고 있듯이 이오덕은 기독교 믿음에 근거하고 있다. 이오덕에게 있어 어린이는 예수다. 동심

경북 청송 화목교회

은 예수의 마음이다."(이주영의 '이오덕에 대한 연구사' 중에서)

화목마을은 현서면의 중심지다. 1921년에 세운 화목초등학교가 한가운데에 있고 골목 안에 100년이 넘은 화목교회가 있다. 화목초등학교는 이오덕 선생이 나온 모교면서 교사로 몸담았던 곳이다. 그는 경북 부동공립초등학교에서 교사 생활을 시작해 42년 동안 아이들을 가르쳤다. 1955년 '소년세계'에 동시 '진달래'를 발표하며 문단활동을 시작, 1971년 동아일보 신춘문예에 동화가, 한국일보에 수필이 당선됐다.

그는 아이들을 귀하게 여기지 않는 관료적 학교 풍토와 교사로서 정체성 없이 위에서 시키는 대로 혹은 자신의 안위 중심으로 생활하는 교직문화에 대한 안타까움과 의분을 느꼈다. 이 가운데서 살아 숨쉬는 아이들을 보면 길 잃은 한 마리 양을 찾는 듯 기뻐했다. 그는 당시 정부의 감시와 간섭으로 더 이상 교직생활을 지속할 수 없어 1986년 교직을 떠날 수밖에 없었다. 그러나 두 눈은 늘 아이들을 향했다.

"1942년의 교직을 어쩌면 이렇게 미련도 한 올 없이 헌옷 벗어던지듯 훌훌 벗어던지는가. 아이들을 사랑하지 않았는가? 딴 곳에다 꿈을 두었던가? 아니다. 아니다. 결단코 아니다. 내 사랑은 아직도 저 총총한 눈망울 반짝이는 아이들한테 가 있다. 내 꿈은 저 아이들이다."(이오덕의 1986년 2월 27일 일기 중에서)

이후 과천으로 이사와 한국글쓰기연구소 활동과 아동문학가로 활동했다. 번역 말투와 일본 말투를 지적하고 걸러내기 위해 '우리문장 바로쓰기'(1992년) '우리글 바로쓰기'(1995년)를 집필했다. 말년엔 자신의 몸의 변화를 느끼며 장남 정우가 있는 무너미마을로 내려와 자연스럽게 죽음을 준비했다. 그는 산새같이 두 날개 파닥거리며 그가 꿈꿔온 본향으로 떠났다.

"이제 나는 내 눈부신 빛과 노래가 기다리는/ 내 본향으로/ 어머니 품에 안기려는 산새같이/ 한 마리 새가 되어 두 날개 파닥거리며/ 빛과 노래가 가득한 그 곳으로 간다."(작고하기 9일 전 쓴 시 '이승은 하룻밤' 중에서)

그는 평생 풀·꽃·나무·흙·바람, 그리고 무엇보다 어린이를 사랑했다. 그런 문학과 교육을 위해 글을 쓰고 실천했다. 그의 동시는 살아 있는 인간의 생명을 지키려는 성난 외침과 같았다. 그의 흔적 속에 군사독재, 이농, 산업화 시대를 가파르게 통과했던 한 지식인의 내밀한 목소리가 들리는 듯했다.

이오덕 그리고 권정생

열두 살 나이 차이 뛰어넘은 영원한 글벗

'몽실언니'의 작가 권정생(1937~2007)과 이오덕은 평생의 글벗이었다. 1973년 1월 18일 오후, 이오덕은 안동의 일직면에 내려 다시 5리를 걸어 조탑마을의 일직교회를 찾는다. 한 신문에 실린 동화 '무명 저고리와 엄마'를 보고 작가 권정생을 만나러 간 것이다.

　교회 종지기로 살면서 동화를 썼던 권정생의 문간방에는 이불과 간단한 자취 도구만 있었다. 다만 책들이 가득 꽂힌 게 인상적이었다. 두 사람은 그렇게 만났다. 이오덕은 마흔아홉이었고 권정생은 서른일곱이었다. 이후 이오덕은 어른 아이 모두 권정생의 작품을 읽어야 한다는 생각으로 그의 작품을 온 힘을 다해 세상에 알렸다. 권정생이 자신을 외톨이라 부르는 게 이오덕의 마음을 쩡하게 했다.

　"원래부터 외톨이였습니다. 출생지가 남의 나라(일본)였던 저는 지금까지 고향조차 없는 외톨박이로 살아왔습니다. 아홉 살 때 찾아온 고국 땅이, 왜 그토록 정이 들지 않았는지요.… 고국은 나에게 전쟁과 굶주림, 병마만을 안겨 주었습니다. 그 위에 몸서리쳐지는 외로움을…그러나 메말라진 흙 속에 물 한 방울 찾을 수 없어, 여지껏 목말라 허덕였습니다."(1973년 2월 8일 편지에서 권정생이 쓴 글)

　그때부터 시작된 권정생과 이오덕의 편지 교류는 2002년 11월까지 이어진다. 이듬해 8월 이오덕은 세상을 떠났다. 그로부터 4년 뒤 권정생은 '강아지똥' '몽실 언니' 등 한국 아동문학의 한 정점이 될 만한 작품들을 남기고 일생을 마감했다.

　두 사람은 12살의 나이 차를 뛰어넘어 서로를 '선생님'이라 부르며 존경했다. 권정생은 한 편지에서 이렇게 썼다. "바람처럼 오셨다가 제(弟)에게 많은 가르침을 주고 가셨습니다. 일평생 처음으로 마음 놓고 제 투정을 선생님 앞에서 지껄일 수가 있었습니다."

세상 소풍 왔다
떠난 자리, 행복을 남기다

안면도 천상병고택 전경

시인 천상병/ 서울 연동교회와
안면도에 복원한 옛집

　"나 하늘로 돌아가리라/ 새벽빛 와 닿으면 스러지는/ 이슬 더불어 손에
손을 잡고,/ 나 하늘로 돌아가리라/ 노을빛 함께 단둘이서/ 기슭에서 놀다
가 구름 손짓하면은/ 나 하늘로 돌아가리라/ 아름다운 이 세상 소풍 끝내
는 날/ 가서 아름다웠더라고 말하리라….'

　인생의 고단함과 죽음의 쓸쓸함마저 초월하고 이 땅에서의 삶이 아름
다운 소풍이었노라 노래한 천상병(1930~1993) 시인의 대표 시 '귀천'의 전
문이다. 1970년 6월 발표한 작품으로 부제는 '주일(主日)'이다. 시인이 죽음
을 두려워하지 않는 것은 천국에 대한 소망이 있었기에 가능했을 것이다.
천 시인이 평소 막걸리를 좋아하고 평범하지 않은 행동으로 교회와 거리
를 뒀을 것 같지만 그는 하나님의 말씀을 사랑한 사람이었다. 그는 하나님
을 굳게 믿으니 불행 따윈 두렵지 않다고 여겼다.

"나는 세계에서/ 제일 행복한 사나이다/ 아내가 찻집을 경영해서/ 생활의 걱정이 없고/ 대학을 다녔으니/ 배움의 부족도 없고/ 시인이니/ 명예욕도 충분하고… 더구나/ 하나님을 굳게 믿으니/ 이 우주에서/ 가장 강력한 분이/ 나의 빽이시니/ 무슨 불행이 온단 말인가."('행복' 중에서)

시인과 연동교회

'아름다운 이 세상 소풍'을 왔다가 하늘로 돌아간 천 시인은 1981년부터 아내와 함께 서울 종로구 김상옥로 연동교회 3층 예배당 맨 앞줄에 앉아서 주일예배를 드렸다. 시인은 예배를 보는 동안에는 울기도 하고 웃기도 했다. 또 기도할 때는 자주 "하나님 용서해주이소 용서하이소"라고 말하기도 했다. 시인은 예배가 끝나면 얼른 1층으로 내려가 당시 담임목사인 김형태 목사와 인사를 나눴다.

시인은 원래 가톨릭 신자였다. 기독교방송에서 김 목사의 설교를 듣고 감동받아 연동교회에 출석하게 됐다. 처음 교회에 간 날, 천 시인은 김 목사에게 "목사님, 저는 가톨릭입니다. 저는 배신자가 아닙니다. 그렇지만 목사님 설교가 좋아서 들으러 왔습니다"라고 말했다. 1981년 2월 '현대문학'에 발표한 '연동교회'라는 시에 이런 그의 마음이 그대로 나타나 있다.

"나는 지금까지 약 30년 동안은/ 명동 천주성당에 다녔는데/ 그러니까 어엿한 천주교 신도인데도/ 1981년부터는/ 기독교 연동교회로 나갑니다/ 주임목사 김형태 목사님도/ 대단히 훌륭하신 목사님으로/ 그리고 기독교 방송에서/ 그동안 두 번 설교를 하셔서/ 나는 드디어 그분의 연동교회엘/ 나갈 것을 결심하고 나갑니다./ 교회당 구조도 아주 교회당답고/ 조용하고 아늑하여 기뻐집니다./ 아내는 미리 연동교회였으나/ 그동안 가톨릭에 구애되어 나 혼자/ 명동 천주성당에 나갔으나/ 그런데 1981년부터는 다릅니다/ 한 번밖에 안 나갔어도 그렇게 좋으니/ 이제는 연동교회에만 나가겠습니다/ 물론 개종은 않고 말입니다/ 배신자라는 말 듣기는 아주 싫습니다."

시인의 흔적을 만나기 위해 연동교회를 찾았다. 주일예배를 드린 후 1층 성전 앞에서 만난 이성희 담임목사는 "제가 연동교회에 부임했을 땐 천 시인은 돌아가신 후여서 만나 뵌 적은 없지만 김형태 원로목사님께 세례를 받고 신앙생활을 잘하셨다고 들었다"고 말했다.

시인의 인생 소풍 길엔 즐거움도 많았고 고통도 많았다. 일본 효고현 히메지에서 태어난 시인은 광복과 함께 귀국해 마산중학교 3학년에 편입했다. 그의 문학적 재능은 당시 마산중학 국어교사였던 김춘수 시인의 눈에 띄어 가르침을 받으며 꽃 피었다. 1950년 중학교 5학년 때 유치환 시인의 추천으로 등단했다.

"운 좋게도 반에 있는 친구가 김춘수 선생님의 조카다. 학교 5학년 때 알게 된 그 친구를 통해 처음으로 나는 김춘수 선생이 시집 '구름과 장미'의 저자라는 것을 알게 되었다. 그래서 선생님께 그 시집을 빌려서 읽었다. 그 때 나는 많은 감동을 받아 나도 시를 써야겠다고 마음을 굳혔다."('외할머니 손잡고 걷던 바닷가' 중에서)

천 시인은 서울대 상과대 수료 후 시작(詩作)과 평론 활동을 했다. 1964년 부산시장의 공보비서로 일하다 1967년 윤이상 등과 함께 '동백림 사건'에 연루돼 억울하게 옥고를 치렀다. 고문 후유증으로 몸이 쇠약해져 갔던 그는 삶과 죽음에 대한 생각을 많이 했다. 그는 자신이 몸과 마음을 다친 새장에 갇힌 한 마리의 새라고 생각했다. 죽음이란 무거운 주제를 소박하고 아름답게 표현한 '귀천'을 쓴 시기도 이 무렵이다. 당시 그의 나이는 마흔. 자신이 죽어가고 있다고 느꼈다.

"입가에 흐릿스레 진 엷은 웃음은/ 삶과 죽음 가에 살짝 걸린/ 실오라기 외나무다리/ 새는 그 다리 위를 날아간다/ 우정과 결심, 그리고 용기/ 그런 양 나래 저으며…햇빛 반짝이는 언덕으로 오라/ 나의 친구여/ 언덕에서 언덕으로 가기에는/ 수많은 바다를 건너야 한다지만/ 햇빛 반짝이는 언덕으로 오라/ 나의 친구여…."('미소-새' 중에서)

햇빛 반짝이는 언덕으로 오라

천 시인은 1972년 김동리 선생의 주례로 목순옥 여사와 결혼 후 서울 상계동 수락산 자락에 터를 잡았다. 시인의 생애에서 커다란 전기를 이룬 것은 수락산 밑에 정착한 일이다. 변두리의 삶이었지만 마음에 긍정적으

수락산 등산로 입구에서
시작되는 천상병산길

로 투사됐다. 목 여사는 시인의 친구 목순복 시인 여동생이다. 목 여사는 1985년부터 인사동에 귀천 카페를 운영하며 천 시인의 곁을 지켰다. 2010년 목 여사가 세상을 떠난 후 귀천 카페는 조카가 운영하고 있다.

"하늘은 천국의 메시지/ 구름은 번역사/ 내일은 비다/ 수락산은, 불쾌하게 돌아앉았다/ 등산객은 일요일의 군중/ 수목은 지상의 평화/ 초가는 농장의 상징/ 서울 중심가는 약 한 시간/ 여기는 그저 태평천하다/ 나는 낮잠 자기에 일심이다/ 꿈에서 메시지를 번역하고/ 용이 한 마리, 나비가 된다."

(수락산하변' 전문)

수락산 등산로 입구에 '천상병 테마공원'이 조성돼 있다. 공원에는 순진무구한 웃음을 짓는 천상병의 팔에 아이들이 매달려 있는 모습의 동상이

서 있고, '귀천정'이라 이름 붙은 정자도 설치돼 있다. '천상병 산책로'에 들어서면 입구에 '아름다운 소풍 천상병 산길'이라는 목판이 보인다. 계곡을 따라 천 시인의 시를 새긴 시판이 쭉 늘어서 있다. 계곡의 물소리를 들으며 시를 감상하다 보면 잊었던 순수한 감성이 되살아난다.

그는 쉽게 읽을 수 있는 시가 좋은 시라고 여겼다.

"어렵다고 생각되는 시는 시가 아니다. 수필적으로 읽을 수 있는 시가 좋은 시라고 나는 생각한다. 사소로운 일에서 인생의 근본을 생각게 하는 것이 시다. 믿음과 생활은 시의 근본이라는 것이 나의 생각이다. 어려운 말이 개입할 여지가 나에게 없는 것이다."('나의 시작의 의미' 중에서)

시인과 안면도

그가 살았던 상계동 주택은 헐리고 현재 연립주택이 들어섰다. 2004년 평소 천 시인과 가깝게 지내던 모종인씨가 수락산 자락에 있던 시인의 옛집이 재개발로 철거된다는 소식을 목 여사로부터 듣고 사비를 들여 충남 안면도 부속 섬 대야도에 고택을 복원했다.

안면도 안면읍을 거쳐 영목 쪽으로 가다 보면 세거리가 나오고 '천상병 시인 고택' 표지가 있다. 천수만이 훤히 내려다보이는 작은 언덕 위에 옛집 하나가 보인다. 열 평 남짓하다. 시멘트 벽돌을 쌓고 그 위에 슬레이트를 올려 방 셋을 만들었다. 중간 방엔 문학지와 원고지가 올려져 있는 앉은뱅이 밥상이 있다. 천진무구함과 무욕으로 살았던 천 시인이 느껴졌다. 고택의 열려진 방문 안으로 그가 예수라 했던 빛이 바다의 바람과 함께 들어왔다.

"대낮의 빛은 태양입니다/ 밤의 빛은 전기요 등불입니다/ 내가 사는 빛

안면도 천상병고택의 열려진 방문 밖으로 송림과 바다가 보인다.

은 예수님이고/ 내가 죽은 빛도 예수님이다…나의 삶이여/ 빛을 외면하지 말게 하소서"('빛' 중에서) "예수님 예수님/ 제발 돌아와 주소서/ 그렇잖으면 저는/ 한 알의 흙과 같습니다."('예수님 초상' 중에서)

천상병처럼 살기

예수님이 걱정 말라는데 어찌 어기겠어요?

"가난은 내 직업이지만/ 비쳐오는 이 햇빛에 떳떳할 수가 있는 것은/ 이 햇빛에도 예금통장은 없을 테니까…."('나의 가난은' 중에서)

천상병 시인은 가난해도 행복했다. 그의 일생은 가난과 고통으로 물들었으나 그의 시어들은 하나같이 자신을 '세상에서 가장 행복한 사나이'라고 말한다. 그에게 가난은 어쩔 수 없는 고통이 아니라 선택이었다. 물질의 풍요로움 속에서는 의식의 깊은 곳을 볼 수 없다고 생각했다. 그는 졸업을 한 학기 남겨두고 학교를 그만뒀다. 말리는 친지들에게 그는 이렇게 말했다. "시인이자 평론가가 됐으니 더 이상 뭘 바라겠습니까. 월급쟁이가 된다면 돈을 벌게 될 것이고, 돈을 벌면 진정한 시인으로 살기 어려울 것입니다." 누구도 그의 선택을 이해하지 못했다.

그러나 그의 시는 "심령이 가난한 자는 복이 있나니 천국이 그들의 것임이요"(마 5:3)란 말씀의 참뜻을 완벽하게 보여준다.

"세상은 그저/ 웃음이래야 하는데/ 나에겐 내일도 없고/ 걱정도 없습니다/ 예수님은 걱정하지 말라고 했는데/ 어찌 어기겠어요?"('나는 행복합니다' 중에서)

"나는 볼품없이 가난하지만/ 인간의 삶에는 부족하지 않다…하늘에 감사할 뿐이다/ 이렇게 가난해도/ 나는 가장 행복을 맛본다/ 돈과 행복은 상관없다/ 부자는 바늘귀를 통과해야 한다."('나의 가난함' 중에서)

'문단의 마지막 순수시인'으로 불렸던 천 시인은 우주의 근원, 삶과 죽음, 인생의 비통한 현실 등을 간결하게 압축한 시를 썼다. 많은 이들이 천 시인은 누구보다 맑은 영혼의 소유자였다고 기억한다.

들리세요?
내 안에 울리는
어머니 기도소리

박목월 시인 생가 안채 댓
돌위에 놓인 고무신.

창연한 고도(古都) 경주는 한국시를 대표하는 박목월(1915~1978) 시
인의 고향이다. 첨성대 불국사 석굴암 안압지 문무대왕릉 등 많은 문화유
산이 있는 경북 경주는 사람들의 발길이 끊이지 않아 과거와 현재가 공존
하는 곳이다. 목월의 시 역시 탄생 100년이 흘렀어도 현대인들에게 널리
애송되고 있다. "목련꽃 그늘 아래서 베르테르의 편질 읽노라~." 고교시
절 음악시간에 목청껏 불렀던 '4월의 노래'가 목월의 시였다.

목월은 쉼 없이 새로운 시의 형식을 탐구한 시인이었다. 그는 자연의
시로 시작해 신앙의 시로 귀결된 시작활동을 했다. 생전에 간행한 시집 '산
도화' '난 · 기타' '청담' '경상도의 가랑잎' '무순'은 제각기 다른 내용과 틀을
보여준다. 시어로서 한국어의 가능성을 극한까지 추구해 보여줌으로써 민
족적 자긍심과 우월성을 보여주었다는 평을 받고 있다.

사후에 발간된 '크고 부드러운 손'엔 성숙한 신앙고백으로 이루어진 71
편의 시가 수록됐다. 목월의 시에서 그리스도에 관한 시적 형상화는 주로

'손' 이미지로 나타난다. 그에게 신의 손과 어머니의 손인 크고 부드러운 손은 자유와 영원으로 인도하는 구원의 손길이었다.

"크고 부드러운 손이/ 내게로 뻗쳐온다/ 다섯 손가락을/ 활짝 펴고/ 그득한 바다가/ 내게로 밀려온다/ 인간의 종말이/ 이처럼 충만한 것임을/ 나는 미처 몰랐다/ 허무의 저편에서/ 살아나는 팔/ 치렁치렁한 성좌가 빛난다."('크고 부드러운 손' 중에서)

"세상에는/ 감람나무보다/ 더 많은 어린이들이/ 자라고 있지만/ 그들의 뒤통수에/ 머물러 있는/ 주의/ 크고 따뜻한 손."('감람나무' 중에서)

아름다운 왕릉은 아이들의 놀이터

유년의 풍경은 한 시인의 문학세계를 들여다보는 비밀스러운 통로가 된다. 그런 의미에서 경주는 '목월문학'의 탯줄이다. 목월은 경주의 정서를 머금고 성장했다. 달빛이 하얗게 비치는 골목길이 아이들의 놀이터요, 풀이 우거진 봉황대나 잔디가, 아름다운 왕릉이 아이들의 생활무대였을 것이다.

목월의 생가는 경주시 건천읍 모량리에 있다. 생가 인근 금척리 들판은 향토적 서정과 민요의 가락을 살린 '나그네' '청노루' '윤사월'의 무대다. 당시엔 연둣빛 밀밭이 비단길처럼 펼쳐졌었으리라.

모량초등학교 담을 끼고 약 300m쯤 골목길을 걸어가자 생가 모습이 보였다. 개울의 징검다리 위에서 물살을 정신없이 바라보다 인기척에 놀란 어린 목월이 생가에서 반갑게 뛰어나올 것 같았다. 목월은 이곳에서 보통학교 4학년 때까지 살았다. 마당엔 쉬어가길 청하는 나그네정(정자)이 푸른 밀밭 끝에 세워져 있다. 생가는 초가집으로 일자형 사랑채와 안채, 디딜방앗간으로 조성돼 있다. 목월의 약력을 새긴 비와 펜을 들고 사색하는 목월의 동상, 시 낭송장이 있다.

생가 안채 댓돌 위에 놓인 고무신 4켤레를 보자 가장의 사랑과 책임감이 느껴지는 그의 시어들이 떠올랐다.

"지상에는/ 아홉 켤레의 신발…아랫목에 모인/ 아홉 마리의 강아지야./ 강아지 같은 것들아/ 굴욕과 굶주림과 추운 길을 걸어/ 내가 왔다/ 아버지가 왔다/ 아니 십구 문 반의 신발이 왔다."('가정' 중에서)

봄비가 내리는 날 시인의 생가를 방문한 한 관람객이 박목월 동상에 우산을 씌워주고 있다.

복음을 처음으로 받아들인 어머니

목월의 본명은 영종이다. 아버지 박준필과 어머니 박인재 사이에서 2
남2녀 중 맏이로 태어났다. 아버지는 당시 경주군 수리조합(지금의 토지
개량조합) 이사였고 대구로 나가 중학교를 졸업한 인텔리 유지였다. 어머
니는 목월이 보통학교 4학년 되던 해부터 교회에 나가기 시작했다. 모량
에서 복음을 처음으로 받아들인 어머니의 신앙은 목월의 정서에 많은 영
향을 미쳤다.

"그때까지 집안에선 기독교를 믿는 사람이 없었다. 그런 가운데서 젊은
며느리가 성경과 찬송가책을 들고 교회에 나간다는 것은 대단한 결단이
다. 그러니 이에 못지않게 놀라운 것은 며느리의 교회 출입을 용인해준 시

아버지 박훈식의 관대함이다. 어린 목월은 그러한 집안에서 법도 있는 사랑의 가르침을 받으며 자라난 것이다."(이형기 편저 '박목월' 중에서)

어머니는 모량에서 건천에 있는 교회에 다니기 어려워지자 건천교회 옆에 집을 지어 이사할 정도로 뜨거운 믿음을 소유했다. 성경을 통해 한글을 깨우쳤고 신앙으로 자녀교육을 했다. 매주 토요일이면 그의 집엔 원근 각지에서 모여든 수십 명의 성도로 북적댔다. 집이 멀어서 교회에 나오기 힘든 성도들이 하룻밤 유숙하고 다음날 주일예배에 참석하기 위해서였다. 연작시 '어머니'는 신앙을 심어준 어머니에 대한 추억과 사랑이 담겨 있다.

"당신의 목에 거신 십자가 목걸이의 무게를 오늘은 제 영혼의 흰 목덜미에 느끼게 하옵소서."('어머니의 기도 5' 전문)

목월은 어머니에 대한 그리움을 기독교 시의 바탕으로 심화시켰다. 그에게 어머니는 앞으로 나아가게 하는 원동력이 되었다. 시인이 신앙인으로 거듭나게 된 가장 중요한 원인이 어머니에게 있었다.

"유품으로는/ 그것뿐이다/ 붉은 언더라인이 그어진/ 우리 어머니의 성경책…이 세상에 남기신 어머니의 유품은/ 그것뿐이다/ 가죽으로 장정된/ 모서리마다 헐어버린 말씀의 책/ 어머니가 그으신 붉은 언더라인은/ 당신의 신앙을 위한 것이지만/ 오늘은 이순의 아들을 깨우치고…당신의 신앙이 지팡이가 되어/ 더듬거리며 따라 가는 길/ 내 안에 울리는 어머니의 기도소리."('어머니의 언더라인'중에서)

목월가의 믿음은 5대째 이어지고 있다. 그와 부인 유익순 권사가 서울

효동교회 부부장로였으며, 장남 박동규 서울대 명예교수 부부 역시 효동교회 장로다.

목월은 열아홉에 대구 계성학교를 졸업하고 금융조합 서기가 되어 경주로 돌아왔다. 낮에는 전표 더미를 놓고 주판알을 튕기고 고도(古都)의 품을 배회하며 고독해했다. 그는 늘 혼자였다. 일이 끝나면 거리로 나왔다. 반월성으로, 오릉으로, 남산으로, 분황사로 돌아다녔다. 그가 벗할 것이란 황폐한 고도의 산천과 하늘뿐이었다. 왕릉에 누워 달을 보는 것, 기와 조각을 툭툭 차면서 길을 걷는 것, 밤이면 램프 밑에서 책을 읽는 것이 전부였다.

경주를 시로 형상화한 작품은 주로 초기 시에 나타난다. 목월의 초기 시는 자연과 향토적 정서를 특색으로 한다. 토함산 기슭의 불국사 석굴암도 '불국사' '청운교' '토함산' 등의 배경이 된 곳이다.

목월은 1940년 경주금융조합 재직 중 정지용의 추천으로 '문장'지를 통해 등단했다. 그러나 그가 문단활동을 시작했던 '세기의 심연'은 완전한 밤이었다. 광복 후의 문단은 친일 잔재의 냉엄한 청산보다도 양분된 이데올로기 청산이 과제였다. 그가 소속된 조선청년문학가협회는 사회주의 문학가 단체에 대항하는 '순수문학 진영의 문학적 전위세력'이었다. 1946년 조지훈 박두진과 3인 시집 '청록집'을 발행해 문학사적인 획을 그었으며 김동리 서정주 유치환 조지훈 박두진 등과 함께 조선문필가협회를 결성, 그해 12월 한국문학가협회를 만들고 사무국장으로 활동했다. 그 무렵 그의 시는 자연시에서 인생시로 변모했다. 광복과 6·25로 이어지는 역사적 사건, 가정적으로는 동생의 죽음 등이 영향을 미쳤다. 가장으로서의 고뇌가 깊었던 시간이었다.

"나는 밤이 깊도록 글을 쓴다…이것은 내일이면 지폐가 된다. 어느 것
은 어린 것의 공납금, 어느 것은 가난한 시량대(음식값), 어느 것은 늘 가벼
운 나의 용전…아이들은 왜놈들이 남기고 간 다다미방에서 날무처럼 포름
쪽쪽 얼어 있구나."('층층계' 중에서)

그의 후기 시편들은 인생의 한계를 직시하면서 삶과 죽음의 문제를 다
룬다. 신앙시의 원천은 기독교적 휴머니즘이다. 어두운 현실을 극복하기
위해 하나님 앞에 간구하는 자기구원의 자세를 지닌다.

"관이 내렸다. 깊은 가슴 안에 밧줄로 달아 내리듯/ 주여/ 하관하옵소
서/ 머리맡에 성경을 얹어주고/ 나는 옷자락에 흙을 받아/ 좌르르 하관했
다."('하관' 중에서)

지병이 있었던 목월은 장로 안수를 받던 해인 1978년 3월 24일 새벽, 산

책길에서 돌아온 뒤 갑작스럽게 영면해 수많은 사람의 안타까움을 샀다.

신라시대 화랑들의 놀이터였던 황성공원으로 발길을 옮겼다. 이제 경주시민들의 쉼터다. 목월이 문우 김동리와 작품을 구상하며 함께 거닐던 그곳엔 목월이 작사한 '얼룩송아지' 노래비가 있다. 한국에서 태어났다면 누구나 한번쯤 불러본 동요 '얼룩송아지'는 목월이 고향을 떠나 대구에서 계성학교를 다닐 때 어머니를 그리워하며 쓴 동시다. 이 외에 경주엔 목월을 기리는 동리목월문학관과 목월공원이 있다.

박목월처럼 생각하기

오늘은 나의 시간이고
내일은 하나님의 시간

목월의 작품세계는 중기 이후로 신과의 존재, 기독교 정신의 인간탐구로 변모를 겪었다. 그는 별세하기 전 몇 년간은 신앙시만 썼다. 유족들은 1979년 신앙시집 '크고 부드러운 손'을 발간했다.

신앙 시인으로 생애를 마친 그는 그리스도인들은 삶과 신앙이 일치돼야 한다고 생각했다. 하나님 앞에서의 신앙고백이 신앙시라고 말한 그는 시작 자체가 신앙생활의 일부여야 하며, 신앙시를 씀으로써 자신의 신앙을 확대해 나가야 한다고 생각했다. 즉 생활과 신앙과 시는 하나여야 한다고 생각했다.

"시를 쓰는 그 자체가 신앙생활의 일부며 신앙인으로서의 작가는 신앙시를 씀으로 자신의 신앙을 확인 심화시키는 일이다."('박목월 시선집' 중에서)

목월은 '오늘은 나의 시간이고 내일은 하나님의 시간'으로 생각했다. 우리는 과거에서 벗어나 오늘이란 시간에 있으며, 하나님의 시간인 내일이란 미래를 향해 가기를 소망했다.

"양지바른 창가에 앉아/ 인간도 한 포기의/ 화초로 화하는/ 이 구김살 없이 행복한 시간…주여/ 고르게 흐르는 물결을 따라/ 당신의 나라로 향하게 하십시오."('평온한 날의 기도' 중에서)

또 무덤의 돌문을 열고 그리스도가 부활했듯 딱딱한 자아의 껍질을 벗고 새로운 사람이 되기를 소망했다.

"오늘은 자갈돌이라 부름을 입게 하시고/ 내일에는 내일의 이름을 제게도 베푸소서."('오늘은 자갈돌이 되려고 합니다' 중에서)

그는 죽음에 대해서도 죽음이 곧 부활이라는 기독교적 인식을 보인다. 죽음은 순례자가 이르는 마지막 귀착점이며 내세는 진정한 생명의 세계인 것이다.

명랑한 찬송가,
풍금 소리를
추억하다

동리목월문학관 전경. 왼쪽이 동리문학관이다.

소설가 김동리/ 경주 동리문학관

과거와 현재가 공존하며, 세월의 애수가 깃든 '천년의 고도(古都)' 경주는 한국문학의 거목 김동리(1913~1995)의 고향이다. 작가가 성장하던 시절, 경주는 신라 고도의 옛 분위기가 훼손되지 않은 그대로의 모습을 간직했을 것이다. 토속적·무속적 분위기가 짙게 감도는 경주는 그의 작품 속에서 조각보처럼 펼쳐져 있다.

'무녀도'는 경주 예기소, '황토기'는 경주 서남산 입구의 산길이 배경이고 '까치소리'는 현곡, '바위'는 성건동이 배경이다. 그의 작품 소재와 정서에서 민족정신의 정수를 발견할 수 있으며, 가장 한국적인 것이 가장 세계적이라는 말을 실감할 수 있다.

'잡성촌' 이라 불리던 마을

1935년 조선중앙일보 신춘문예에 소설 '화랑의 후예'가 당선된 후 이듬해 발표한 단편소설 '무녀도'는 그의 대표작이 되었다. '무녀도'는 우리의 토속 신앙인 샤머니즘과 서양에서 들어온 기독교 신앙의 충돌로 인한 모자간의 대립과 갈등을 그린 작품이다.

"경주읍에서 성 밖으로 십여 리 나가서 조그만 마을이 있었다. 여민촌혹은 잡성촌이라 불리는 마을이었다. 이 마을 한구석에 모화라는 무당이살고 있었다. 모화서 들어온 사람이라 하여 모화라 부르는 것이었다. 그것은 한 머리 찌그러져가는 묵은 기와집으로 지붕 위에는 기와 버섯이 퍼렇게 뻗어 올라 역한 흙냄새를 풍기고, 집 주위는 앙상한 돌담이 군데군데 헐린 채 옛 성처럼 꼬불꼬불 에워싸고 있었다."('무녀도'중에서)

작가가 태어나 자란 경주시 성건동은 옛날에 점집이 많았다고 하나 지금은 거의 볼 수 없다. 소설 속 모화가 살던 성건동의 퇴락한 옛날 기와집과 작가의 생가는 많은 집들이 새로 들어서면서 모습을 찾을 수 없다. 성건동 경주청년회의소 북쪽 형산강변 당산나무가 있는 작은 공원(삼랑사지당간지주)에서 동쪽으로 걸어가면 '동리생가' 표지판을 만날 수 있다. 1960년대까지 옛집이 그대로 남아 있으나 급속한 도시화로 헐리고 그 후 터가 분할되어 세 집이 공유한 채 오늘에 이른다.

죽음을 통해 생명의 근원을 탐구하다

김동리는 자신이 문학을 하게 된 동기에 대해 언급할 기회가 있을 때마다 죽음에 대한 두려움에 대해 이야기했지만 그 죽음의 공포 밑바닥엔 삶을 향한 강한 열망이 자리한다. 그에게 소설은 죽음을 통해 생명의 근원에 도달하려는 끈질긴 탐색의 기록이다. 특히 '무녀도'의 죽음관은 그 전체의

색조가 한국의 토속신앙인 샤머니즘으로 물들어 있음에도 불구하고 기독교에 입각한 부활의식을 반영한다. 작가에게 죽음과 사랑은 신과 인간의 관계를 탐색하는 창조적 영감이 됐다.

성건동 생가에서 걸어서 불과 10분 거리에 있는 예기소는 소설 속 모화가 '예수가 진짜인지 자신이 섬기는 신령이 진짜인지'를 증명해 보이기 위해 굿을 하다 죽은 곳이다. 경주의 서천과 북천 그리고 남천이 합류해 생겨난 깊고 푸른 소이다. 방향이 서로 다른 물줄기가 합류하면서 소용돌이가 생기고 땅이 파져 깊은 소가 생겨났다고 한다.

예전엔 그 깊이가 '명주꾸리 하나'(명주실 한 타래)가 다 들어갈 정도로 깊었다고 하나 지금은 평범한 강물처럼 보인다. 예기소 부근은 현재 산책로가 잘 만들어져 있어 지역주민들의 쉼터이다.

'무녀도'는 김동리가 집안이 망해 경성보고를 중퇴하고 고향에 낙향했을 때 초안을 잡은 작품이다. 당시 그는 어물전을 하는 형님의 가게를 도와주고 있었는데, 틈나는 대로 예기소에서 작품을 구상했다. 그는 "예기소의

소설 속 모화가 '예수가 진짜인지'를 증명해 보이기 위해 굿을 하다 죽는 곳으로 그려진 예기소 현재 모습. 경주 서천과 북천, 남천이 합류하면서 소용돌이가 생기고 파져 깊은 소가 생겨났다고 한다.

흐린 물을 바라보며 모든 과거와 모든 죽음이 그 속에 다 들어 있을 것만 같아 가슴이 북받쳐 오르곤 했다"고 회상하곤 했다. 넘실거리는 푸른 소를 바라보니 옛 이야기 속으로 빨려 들어가는 듯했다.

소설 속 무당 모화는 도깨비굴 같은 낡은 집에서 귀가 먼 딸 낭이와 함께 살고 있었다. 세상 사람들과 마주칠 일 없는 쓸쓸한 모녀의 일상에 집 나갔던 아들 욱이가 돌아온다. 오랜 헤어짐 끝에 상봉한 기쁨과 반가움도 잠시, 고향에 남은 어머니의 삶과 외지로 나가 새로운 문명을 접한 아들의 삶은 달라져도 너무나 달라져 있었다. 낯선 타지에서 오갈 데 없이 방황하던 자신을 가족으로 받아들여 준 선교사들의 영향으로 욱이는 독실한 기독교 신자가 되어 있었다. 욱이는 사랑하는

동리문학관 내부

어머니와 하나뿐인 여동생을 비현대적인 미신으로부터 구원하겠다고 결심한다.

반대로 모화는 죽은 줄로만 알았던 아들이 번듯한 청년이 되어 자기 곁으로 돌아온 것을 오로지 천지신명의 깊은 은혜로 여겼다. 그런 모화에게 밥상머리에서 '주기도문'이라는 것을 외우는 아들의 행동은 그가 고쳐 줘야 할 신병(神病)이었다. 모화는 욱이의 성경을 태우다가 이를 제지하는 아들을 칼로 찔러 중상을 입힌다. 욱이는 끝내 소생하지 못한다. 그 사이 마을에는 욱이의 주선으로 교회가 세워지고 예수교가 퍼지기 시작한다. 시간은 흘러 모화는 물에 빠져 죽은 부잣집 며느리의 혼을 위로하는 굿을 하다 죽는다.

마을에 들어선 조그만 교회당

소설엔 기독교가 경주 지방에 처음 들어오던 무렵의 시대적 배경이 분명하게 드러난다. 모화의 죽음은 오직 파멸이지만 욱이의 죽음은 교회의 설립이란 열매를 남겼다.

욱이는 병석에서 자신을 돌봐준 미국인 선교사인 현 목사에게 편지를 보냈다. '아직 마을에 복음이 전파되지 않아 사귀 들린 자와 우상 섬기는 자가 매우 많으니 하루빨리 이 지방에 복음이 전파되도록 교회가 세워지게 해 달라'는 내용이었다.

"목사님 저는 하느님의 은혜로 무사히 오마니를 찾아왔삽내다. 그러하오나 이 지방에는 아직 우리 주님의 복음이 전파되지 않아서 사귀 들린 자와 우상 섬기는 자가 매우 많은 것을 볼 때 하루바삐 주님의 복음을 이 지방에 전파하도록 교회를 지어야 하겠삽내다. 하루바삐 이 지방에 교회되기를 하느님께 기도 올려주소서."('무녀도' 중에서)

소설은 "이 고을에도 조그만 교회당이 서고 선교사가 들어왔다. 그리하여 그것은 바람에 불처럼 온 마을에 뻗쳤다"고 기록한다. 실제로 1902년, 점집 가득했던 마을에는 초가를 얹은 경주읍 교회가 생겼다. 현재의 경주 제일교회다. 교회는 1909년 경주 최초의 사립초등학교인 계남학교를 설립했는데, 소년 동리는 이 학교를 6년간 다녔다.

작가의 유년시절은 가정적으로 평탄하지 않았다. 아버지는 가정을 돌보지 않았고 어머니는 신앙에 의지했다. 그는 어머니의 손에 이끌려 교회를 다녔다. 그의 어린 시절의 체험들과 어머니를 통한 기독교의 접근은 소설의 기틀이 되었다.

'무녀도'는 김동리의 유년 시절도 반영되었다. '명랑한 찬송가 소리와 풍금 소리, 성경 읽는 소리와 모여 앉아 기도를 올리고 맛난 음식을 향해 즐겁게 웃음 웃는 얼굴들'이란 표현은 유년의 추억일 것이다.

"경주에 교회가 이렇게 속히 서게 된 것은 이분의 공로올시다. 욱이는

소나무 숲이 우거진 황성공원. 한국문학을 대표하는 소설가 김동리와 박목월 시인이 문학과 인생에 대한 이야기를 나누던 생각의 숲이었다.

평양 현 목사에게 진정을 했고 현 목사는 욱이의 편지에 의해 대구 노회에 간청을 했고 일방 경주 교인들은 욱이의 힘으로 서로 합심하여 대구 노회와 연락한 결과 의외로 속히 교회 공사가 진척된 것이라 하였다.”(‘무녀도’ 중에서)

목월과 거닐던 황성공원

천년이 넘은 소나무들이 울창한 숲을 이루고 있는 황성공원은 김동리가 평생 친구인 동향의 박목월 시인과 이따금 거닐며 마음을 나누었던 곳이다. 세 살 연배인 동리는 목월에게 “우리가 문단의 주역이 된다”고 말했을 정도로 대범했고 목월은 생계를 위해 금융조합에 취업해서도 고독하게 시만 생각했던 자발적 외톨이였다. 그렇게 달랐던 이들이 작품을 구상하고 문학을 생각하며 자주 거닐었던 곳이 바로 이 황성공원이다.

이들의 우정은 생을 마치고도 계속되고 있다. 토함산 중턱 불국사 일주
문 건너편에 두 문인을 기념하기 위해 동리목월문학관이 세워졌다. 한 건
물에 왼쪽은 동리문학관 오른쪽은 목월문학관이 나란히 있다. 동리목월기
념사업회가 유족들로부터 기증 위탁받은 저서와 7000여 종의 장서, 육필
원고를 비롯해 문학 자료 1500여 점, 생활 유품 250여 점 등 국내 문학관 중
가장 많은 자료를 보유하고 있다.

동리문학관을 나오자 한 줄의 문학 평이 함께 따라 왔다. "동리 문학은
나귀이다. 모든 것이 죽고 난 뒤에 찾아오는 나귀이다."(이어령) 이는 '무녀
도'에서 모화가 죽고 나자 딸 낭이가 나귀를 타고 곳곳으로 돌아다니면서
무녀도를 그리듯, 동리의 문학은 나귀처럼 지금도 어느 길에서인가 천천
히 걷듯 재생되고 있다는 의미일 것이다.

김동리처럼 생각하기

문학 지망생들, 글 쓰려거든
성경 많이 읽고 죽음을 생각하라

유년시절 우울하고 병약했던 김동리는 계절마다 이유 없이 앓아 누웠
고 혼자서 산과 들을 배회했다.

"나는 별을 쳐다보면서 언제나 죽음과 선이를 생각하게 마련이었고 그것은 그만큼 늘 슬픔이요 두려움이기도 했다. 선이가 죽은 뒤 오랫동안 누구와도 어울려 놀지 않았다. 나의 작은 가슴에는 이날까지 씻어지지 않는 죽음이란 검은 낙인이 찍혔다."(산문 '소꿉동무 선이의 죽음' 중에서)

그가 죽음에 관심을 갖게 된 것은 유년시절, 두 사람의 죽음을 지켜보았기 때문이다. 소꿉동무 선이의 죽음과 고종사촌 누이 남순이의 죽음이 그것이다. 개인적인 죽음의 체험과 신라 천년의 전설이 수없이 어려 있는 경주의 산하는 동리문학의 중추적인 의미망을 형성한다. 그의 문장엔 인생의 심연을 향한 집요한 시선이 있다. 이것이 소설을 이끌어 온 그의 힘이다.

한 문학잡지 인터뷰에서 그는 이렇게 말했다. "저의 종교적인 관심은 어릴 때 마음속에 생겨난, 죽음의 문제에 대한 고민에서부터였습니다. 처음에 교회에 다니기도 했는데 근대문학 작품들을 다 읽고 나니까 상당히 허무주의 쪽으로 빠져버렸습니다. 그러는 동안에 인간은 구원되어야 한다는 생각을 가지게 되고, 구원의 구체적인 방법은 몰라도 인간의 문제를 신과의 관계에서 추구하는 경향을 갖게 되었지요."

문학 지망생들에게 글을 쓰려면 "성경을 많이 읽고 죽음을 생각하라"고 말했던 그는 인간의 삶과 죽음의 문제를 이원화하기보다 삶 속에 죽음의 문제를 끌어안고 인생의 지평을 확장하려고 노력했다.

"나는 오랜 옛 서울의 한 이름 없는 마을에 태어나 부모형제와 이웃 사람의 얼굴, 그리고 하늘의 별들을 볼 적부터 죽음을 공기처럼 숨 쉬게 되었다. 아침에 피는 꽃과 황혼에 지는 동산의 가을 소리도 이별이 곁들여져 언제나처럼 슬프고 황홀했다…" (김동리의 시 '자화상' 중에서)

기다리세요?
그 여름날 소나기

경기도 양평 소나기 마을에 있는
황순원 문학관 전경.

간결하고 세련된 문체, 소박하면서도 치열한 휴머니즘 정신, 한국인의 근원적 심성을 탐미한 황순원(1915~2000)의 소설은 전후(戰後) 한글세대에게는 하나의 통과의례였다. 황순원은 일생을 통해 시 104편, 단편소설 104편, 중편소설 1편, 장편소설 7편을 남겼다. 그의 작품은 '순수와 절제의 미학'으로 한국 문학사의 봉우리를 이루고 있다.

황순원의 고향은 평안남도 대동군 재경면 빙장리. 그런데 그의 문학과 생애 전반을 볼 수 있는 문학관은 경기도 양평 서종면 수능리에 있다. 그것은 단편소설 '소나기'에 나오는 한 구절 때문이었다.

"개울물은 날로 여물어 갔다. 소년은 갈림길에서 아래쪽으로 가 보았다. 갈밭머리에서 바라보는 서당골 마을은 쪽빛 하늘 아래 한결 가까워 보였다. 어른들의 말이, 내일 소녀네가 양평읍으로 이사 간다는 것이었다."

'국민 단편'으로 불리는 '소나기'(1953)는 1959년 영국 인카운터 (Encounter)지의 콘테스트에 입상, 게재됐다. 황순원 문학은 일제 말 언론의 자유가 통제되고 한글 사용이 금지되던 불행한 상황에서 출발했다. 작가들은 이 시기 침묵을 지키거나 식민 통치에 동조하는 양자택일을 해야 했다. 많은 이들이 후자를 택했으나 그는 집에 틀어박혀 일절 작품을 발표하지 않았다. 이는 문학의 외길을 걸어온 그의 작가정신을 이해하는 중요한 단서가 된다.

'소나기 마을'의 징검다리

양평군은 경희대학교와 함께 4만7640㎡(약 1만4000평) 규모의 문학 공간 '소나기 마을'을 2009년 조성했다. 문학관의 외관이 특이했다. 중앙지붕이 단편 소설 '소나기'에서 소년과 소녀가 소나기를 피했던 수숫단 모양을 형상화한 원뿔형이다. 2층에는 유품 전시, 작품 체험, 문학카페 등 모두 4개의 전시실이 있어서 다양하게 작가의 작품과 인간미를 느낄 수 있다.

소나기 마을엔 소년이 소녀를 등에 업고 도랑을 건너던 '너와 나만의 길', 소녀가 건넨 대추와 소년이 따던 호두를 소재로 호두 밤 대추를 딸 수 있는 '고백의 길', 이들이 함께 건너던 징검다리를 재현한 '징검다리', 소년과 소녀가 만났던 '수숫단 오솔길'이 있다. 그 길들을 걸으니 쓸쓸한 빛이 감도는 소녀의 까만 눈빛, 양산같이 생긴 노란 마타리꽃을 들고 웃는 소녀의 보조개, 소녀를 업고 불어난 도랑물을 건너는 소년의 모습이 저절로 그려졌다.

소나기 마을엔 황순원의 대표작을 생각하며 거닐 수 있는 테마 숲길이 있다. 장편 소설 '일월'(1964)을 주제로 한 해와 달의 숲, 단편 소설 '학'(1956)에서 어린 시절 우정을 떠올리며 갈등을 승화한 장소를 재현한 '학의 숲'이

있다. 특히 1950년대를 대표하는 문학작품이 된 '카인의 후예'(1954)를 주제
로 한 '고향의 숲'에서 발길이 멈췄다. 습한 흙냄새가 났다. 숲에 서서 주변
을 둘러보니 평화로운 시골 마을이 펼쳐졌다. 반달형 지형이 야산 구릉으
로 둘러싸여 있다. 전형적인 농촌 풍경을 간직한 이곳은 작가의 고향 마을
과 비슷할 듯했다. 그의 고향은 장편 '카인의 후예'의 배경이 된 곳이다.

상처를 치유하는 구원의 미학

'카인의 후예'는 광복 직후 평안도 한 시골 마을에서 벌어진 사건을 인
류의 원죄로까지 연결시키고 또 거꾸로 인류의 원죄라는 거대한 주제를

소설가 황순원의 서재. 군더더기 없이 소박한 모습이다.

평안도 시골 마을의 조그만 사건으로 상징화하는 작업을 해냈다. 광복 직후 북한에서의 토지개혁 및 지주 계급이 탄압받는 이야기와 지주 계급 출신 지식인 청년 박훈과 마름(지주를 대리해 소작권을 관리하는 사람)의 딸 오작녀 사이의 교감과 사랑 이야기가 중심축이다.

표제 '카인의 후예'엔 두 가지 의미가 있다. 카인은 성경에 기록된 인류 최초의 살인자이며 동시에 인간 최초의 곡물 경작자였다. 그러므로 '카인의 후예'는 '범죄'와 '농민'이라는 중의적 이름이다. 주인공 훈의 고향 마을 사람들은 토지개혁이란 낯선 이념의 도입으로 질투하고 증오해 살인을 저지르게 된다. 그것은 형제와 다름없는 한 마을 사람들 사이에서 일어난 범죄였다.

그러나 이런 범죄가 훈의 고향 마을에만 국한되지 않는다. 3·8선 이북 지역 전역에서 일어난 일이며 나아가 3·8선을 사이에 두고 대치한 우리 민족 안에서 빚어진 질투와 증오의 살인이다.

공산주의라는 이념이 만들어낸 '상황적인 악'이 천성적으로 착하지만 기회주의적인 도섭 영감을 살기등등하게 만들고, 관조적이고 수동적이었던 훈을 점차 카인의 피가 되살아나 행동형 인간으로 변모시킨다. 인간의 근원적 악에 내몰린 훈은 스스로 속죄양이 될 각오를 하지만 이들을 구제하는 것은 오히려 사랑과 관습에 구속돼 끝까지 변하지 않았던 오작녀와 삼득이 당손이 할아버지 쪽이었다.

'카인의 후예'는 동생 아벨을 죽인 구약성서 창세기의 인물 카인을 동족 간에 전쟁을 치렀던 우리 민족의 불행한 현실에 녹여냈다. 나아가 분단 시대를 살고 있는 우리 민족 구성원 모두 카인의 후예라는 호칭으로부터 자유로울 수 없다고 말하는 듯하다. 격변기에 적응하려고 허둥거리고 적응하지 못하고 짓밟히는 사람들은 앞선 시대의 우리 할아버지 할머니 아버지 어머니의 모습이면서 동시에 우리 자신의 모습이기도 하다.

작가는 카인이 우리 안에 있다는 것을 말하고 싶었던 것 같다. 가진 자들은 자신의 것을 지키기 위해 카인이 되고, 못 가진 자들은 욕심과 이념으로 윤리를 저버리는 카인이 된다. 현재 우리 사회에도 자신의 것을 지키기 위해 카인이 되고, 욕심과 이념으로 윤리는 저버리는 카인의 얼굴이 존재한다. 상반된 이념 갈등이나 욕망으로 형제인 '아벨'을 죽인 카인의 모습 말이다.

구약성서 창세기에서 카인은 아벨을 죽인 후에 사람들을 두려워하여 에덴 동편 놋 땅에 거하며 에녹이라는 성을 쌓는다. 그의 장편 소설 '움직이는 성(城)'(1973)은 바로 카인이 쌓은 에녹성을 역설적으로 상징하고 있다. 성은 견고하게 고정되어 있어 움직여질 수 없는 단단한 건축물인데, 그 성이 움직인다고 표현한 것은 역설적인 의미로 생명 없는 유랑성을 나타내는 것이다.

'순수와 절제의 미학'을 지향하는 그의 작품 세계엔 기독교적 가치관이 고스란히 배어 있다. 개화기에 미국 북장로교 선교사들에 의해 기독교가 전파되었던 서북 지역 출신인 그는 기독교계 학교를 거치면서 기독교 사상을 내면화했다. '움직이는 성'에서 샤머니즘과 함께 기독교가 비판적으로 그려지고 있는데 이는 현세적 구복주의에 매몰되어 있는 죄성을 작가가 비판하고자 했기 때문이다. 그가 이 소설에서 나타내고자 한 통전적 구원 사상은 개인의 영혼 구원과 함께 가난하고 소외된 이들의 구제와 치유,

자활 등이 강조되는 전인 구원의 모습으로 나타난다.

'소나기의 소년' 에서 '천국의 소년' 으로

태풍이 북상하던 날 밤, 미열을 다스리기 위해 해열제 한 알을 복용하고 자리에 누운 노작가는 다음날 아침 일어나지 않았다. 그는 2000년 9월 14일 문학의 마침표를 찍을 때까지 "작가는 작품으로 말한다"라는 신조를 꾸준히 지켜왔다. 때를 어기지 않는 소박한 식생활, 조용한 동네 산책, 주일 교회 예배, 한 해 네댓 차례의 제자 모임 등으로 말년을 보냈다.

'소나기 마을'의 산책이 끝나갈 무렵 갑자기 소나기가 쏟아졌다. 이곳엔 매일 정해진 시간에 소나기가 내린다. 물론 인공 소나기다. 거닐던 방문객들이 우왕좌왕 하더니 수숫단과 원두막으로 피했다. 마치 '소나기' 속의 소년과 소녀가 된 듯.

황순원처럼 생각하기

늙으면서 아름다워지는 바람,
그건 욕망 아닌 기도

"작품다운 작품을 쓰지 못할 바엔 오히려 안 쓰는 편이 낫다는 작가적 양심이 그저 쓰고 싶다는 욕심 앞에 제발 무릎을 꿇지 않기를 바라고 있다. 작가의 의식은 언제나 깨어 있어야 한다. 무의식의 세계를 그릴 때도 작가는 그걸 분명히 의식하고 있어야 한다."

황순원은 1985년 고희를 맞아 거의 유일하게 쓴 산문인 '말과 삶과 자유'에서 이렇게 토로했다. 그에게 있어 '글은 곧 그 사람'이었다. 군더더기 없는 문장과 휴머니티가 빛을 발하는 작품세계는 그의 투철한 작가의식을 반영한다. 대패질을 하는 시간보다 대팻날을 가는 시간이 길었다. 작품에 단 두 줄을 쓰기 위해 하루를 소비해 답사를 하고 생각날 때마다 메모지에 빽빽하게 썼다. 군더더기 없이 단아하고 소박했던 그의 서재는 고집스러운 장인정신으로 언어를 벼리는 대장장이의 작업실 같은 곳이었다.

평생 경희대 교수로 지내며 세상이 흔들어도 집필에만 몰두한 그는 문학을 통해 인간의 정신적 아름다움과 순수성, 인간의 고귀함과 존엄성을 성찰하게 했다. 그는 "내가 용기를 잃지 않는 건 나도 늙으면서 아름다워지는 축에 들 수 있었으면 하는 바람을 다듬고 있기 때문이다. 이건 욕망이 아니고 기도이다"라고 말해 왔다.

특히 전후문학에서 인간 구원의 문제를 다뤘다. 단편에서 장편으로 넘어오면서 한국 현대사의 가장 큰 격동의 사건인 6·25 한국전쟁을 작품 배경으로 했다. 전후의 시대상과 힘겨운 삶의 모습들, 그리고 그런 와중에도 휴머니즘의 온기를 잃지 않는 인물들을 그려냈다. 그는 그들을 통해 인간성 회복을 촉구했고 시대의 아픔을 치유하려고 했다. 그는 문학으로 인간의 존엄성을 증거해 온 것이다.

고독하지 않았다 …
그리스도와 창조하신
자연 있음에

경기도 안성시 금광면 금광저수지
인근 혜산의 집필실.

박두진 시인 /
안성 사갑들판과 집필실

"우리들의 잘못을 기억하지 말으소서/ 너무 아픈 채찍을 거둬 주소서/ 이대로는 한걸음도 더 나갈 수 없는/ 너무 많은 죄의 덫을 두들겨 부숴 주소서/ 저어도 아득하게 손닿지 않고/ 소리쳐도 너무 멀어 미치지 않고/ 몸을 던져 솟구쳐 봐도 너무 거센 풍랑/ 우리들의 이 시대/ 우리들의 오늘을 굽어 살피소서…우리들의 잘못을 기억하지 말으소서/ 우리들의 간구를 물리치지 말으소서."('폭양에 무릎을 꿇고' 중에서)

폭염주의보가 내려진 날, 경기도 안성시 보개면 동신리 사갑들판의 태양은 성난 황소처럼 이글거렸다. 그곳은 마치 저항할 수 없는 뜨거운 햇볕 아래 인간의 죄를 낱낱이 아뢰며 죄의 덫을 두들겨 부숴 달라고 기도하던 혜산(兮山) 박두진(1916~1998)의 시작(詩作) 공간이었다. 차령산맥 줄기가 뻗어 내려오다 멈춰버린 벌판 마을. 지평선 끝자락이 보이지 않을 정도로 넓은 논밭 뒤로 청룡산이 서 있다.

경기도 안성시 보개면 동신리 사갑들판. 이곳은 박두진 시인의 시작(詩作)공간이었다.

소년과 해 그리고 사갑들판

박두진 시인이 태어난 곳은 지금의 안성시 봉남동 안성여자중학교 자리이지만 8세부터 18세까지 사갑들판 마을에서 자랐다. 그는 어린 시절 들판에 서서 막힘없이 불어오는 바람, 솟아오르는 해, 밤하늘의 별들을 지켜봤다. 어느 날은 청룡산에 올라가 해가 떠오르는 것부터 지는 모습까지 지켜봤다. 해는 언제나 맑았고, 살아서 윙윙대는 듯했다. 빙글빙글 웃어주는 듯했다. 또 인자롭고 엄위로웠다. 그는 훗날 이때 느낀 바람과 해, 그리고 청룡산을 생각하며 대표작 '해'를 썼다.

"해야 솟아라. 해야 솟아라/ 말갛게 씻은 얼굴 고운 해야 솟아라/ 산 넘어 산 넘어 어둠을 살라 먹고/ 산 넘어서 밤새도록 어둠을 살라 먹고/ 이글이글 앳된 얼굴 고운 해야 솟아라…눈물같은 골짜기에 달밤이 싫어/ 아무도 없는 뜰에 달밤이 나는 싫어."('해' 중에서)

이 시는 8·15 광복의 기쁨을 상징적으로 노래한 시로, 광복 후 좌익과 우익이 분열된 혼란기에 민족의 화합과 사랑, 그리고 평화, 조화, 질서의 세계를 소망하고 있다.

　자연을 통해 어두운 시대를 비판하고 기독교 신앙을 통해 세속적인 삶을 극복하고자 했던 박두진 시인은 1939년 문장지에 '향연' '묘지송'을 발표하면서 문학 활동을 시작했다. 훗날 데뷔 당시 감정을 이렇게 밝혔다. "등단 당시 가슴이 벅차 미어지는 것 같아 나도 모르게 흐느껴 울었습니다. 안마루로 가서 눈을 꼭 감았습니다. 하나님 하나님 하고 기도하는 것밖에는 더 나를 누를 수 있는 것이 없었어요. 그리고 기도했습니다. 만일 이 길로 하나님께 영광 돌릴 수 있는 일이 있다면 일생을 도우서서 이 길로 나가게 하소서라고 말입니다."

　'묘지송'은 일제 강점기 민족말살 정책이 최악에 달한 1939년에 쓰였다. 민족의 강렬한 동경, 죽음에서 생명, 죽음에서 부활을 노래한 것이다.

　"살아서 살던 주검 죽었으매 이내 안 서럽고, 언제 무덤 속 화안히 비춰줄 그런 태양만이 그리우리."('묘지송' 중에서)

신앙과 문학이란 선물

　그에게 어질고 눈물 많은 누나(박만순)가 있었다. 그는 누나에게 두 가

안성시립보개도서관 앞에 세워진 박두진 시인의 비. "詩는 모든 것 위에서 최고의 비판이자, 최고의 도덕적 이상 미학이며 가장 높은 단계의 인간성을 실현해야한다"고 적혀있다.

지 영향을 받았다. 첫째는 신앙이고 둘째는 글쓰기였다. 기독교인이었던 누나는 그보다 먼저 고향을 떠나 청주에 있는 제사 공장 직공으로 있으면서 동생에게 사흘마다 편지를 보냈다. 누나는 편지를 통해 복음을 전했고 그는 편지를 쓰면서 문학적 소양을 길렀다. 이후 기독교는 그에게 있어서 근원적인 자양분이 되어 비관적인 현실을 넘어설 수 있는 강력한 힘으로 작용했다.

"모든 문제를 해결할 수 있는 유일한 길로 나는 종교 신앙의 길을 택하기에 이르렀고 비 내리는 어느 주일에 스스로 찾아가 기독교 교회의 문을 두드렸다."(산문 '나의 추천시대' 중에서)

안성군청에서 일하던 그는 19세 때 서울 을유문화사(출판사)로 직장을 옮겼고, 그 무렵 스스로 교회를 찾았다. 그는 신앙을 통해 죽음이 인생의 끝맺음이 아니라 또 다른 인생의 '먼 여행'으로 인식하게 됐다. 그에게 신앙은 하나님이 부르실 때까지 한 치 흔들림도 없이 일관된 것이었다.

6·25전쟁 때 종군문인이었던 그는 4·19 당시에는 시위 선두에 서서 중앙청까지 행진했고, 5·16이 일어나자 이를 비판하는 글을 신문에 기고해 구속되기도 했다. 그 후 한일협정반대, 유신반대운동을 하면서 내내 어려움을 당했다. 수형생활 중에도 매일 성경책을 들고 다녀 간수들 사이에서 '성경책'으로 불렸다. 그는 싸락눈 내리는 산속에 고고히 서 있는 학에 비유됐다.

하나님 자연 인간에 대한 사랑

그의 시에는 기독교 문학의 본질인 믿음·소망·사랑의 요소와 기독교 세계관인 창조 · 타락 · 구속의 관점이 명확하게 잘 형상화되어 있다. 또 밝고 힘찬 남성적 목소리로 기독교 세계관인 메시아 도래 사상과 부활 사상을 잘 드러내었다.

그의 시에 일관되게 흐르는 한 줄기 빛은 신 자연 인간에 대한 사랑이다. 감상에 대응하는 의지, 허무를 극복하는 긍정, 죽음을 정복하는 부활, 증오를 사랑으로 소멸 재생시킴으로써 약육강식의 악을 절대 부정하는 긍정적 선과 평화에 이르는 상상체계를 가졌다.

"별들이 뿌려주는 눈부신 축복과 향기로이 끈적이는/패배의 확증 속에/눌러라 눌러라 가중하는 이 황홀/이제는 미련 없이 손을 들 수 있다/누구도 다시는 기대하지 않게/혼자서도 이제는 개선할 수 있다."('가시면류관' 중에서)

그에게 죽음은 어둡고 절망적인 것이 아니라 따뜻한 보라색, 밝고 황홀한 분위기를 갖게 하는 부활이다. 그의 시세계는 인류가 가져야 할 영원한 소망과 꿈을 신앙으로 노래하며 모든 문제는 궁극적으로 신앙에 의해 해결된다는 데서 출발한다.

금광저수지 전경

신앙시에 대한 개념이 드러나는 대표적 시는 대구로 피란 가서 쓴 '오도 (午禱)'(낮기도) '거미와 성좌' '사도행전' '나 여기 있나이다, 주여' '가시면류 관' 등이다. 그의 신앙시는 감상적이고 위축된 민족감정에서 과감히 탈피 해 밝고 웅장하고 힘 있게 부활을 노래했다. '오도'는 가슴 밑바닥에서 자신 을 응시하고 뉘우치며 민족의 죄를 자신의 죄로 여겨 용서를 빌고 통회하 는 시다.

"눈물이 더욱더 맑게 하여 주십시오/ 땀방울이 더욱더 진하게 해 주십 시오/ 핏방울이 더욱더 곱게 하여 주십시오…당신은 나의 힘/ 당신은 나의 주/ 당신은 나의 생명/ 당신은 나의 모두."('오도' 중에서)

그의 초기 시는 기독교 정신을 바탕으로 한 예술시 성격이 강했다. 6·25 이후 1960년대 말까지는 역사와 현실, 인간 문제를 다뤘다. 1970년대 이후 신앙시로 집중된다. 행동하는 기독 지성의 신앙과 정신을 그의 생애 와 시작활동에 불어넣음으로써 연작시 '사도행전'을 비롯하여 숱한 신앙시 를 탄생시켰다.

박두진은 하나님께서 이 세상과 자연을 창조했고 하나님의 섭리에 의

해 자연 만물이 운행된다고 믿었다. 따라서 그의 자연에 대한 시작 행위는 하나님의 섭리에 바탕을 둘 수밖에 없다. 그래서 그는 그리스도와 소박한 자연과 시가 있어서 고독하지 않다고 말했다.

그는 늘 자연을 가까이했다. 안성시 금광면 금광저수지 인근 400년 넘은 아름드리 느티나무 두 그루가 서 있는 마을의 산길을 걸어 올라가면 혜산의 집필실이 있다. 마치 동화 속에 나올 듯한 아담한 집이었다. 그는 주말이나 방학기간에 이곳에서 조용히 묵상하며 집필에 집중했다. 2016년 탄생 100주년을 맞은 그의 흔적은 안성시립보개도서관에도 있다. 3층 박두진 문학자료관에 육필 원고와 초판본 저서들이 전시돼 있다. 도서관으로 가는 언덕 입구에 박두진의 시비 '고향'이 세워져 있다.

박두진처럼 생각하기

자연을 노래하는 것,
그분께 드리는 영광과 찬미

"내가 곧 빛이요 진리라는 성서 말씀의 구체적인 상징을 나는 햇빛에서 보고 느낀다. 그 빛 속에서 참 생명과 영원을 보고 그 햇살, 햇볕, 햇빛에서 나는 모든 죽음, 모든 어둠, 모든 악, 모든 불행을 치유하고 극복하고 부활시키는 영원한 의미와 실체를 찾는다. 그것은 바로 나 자신의 희망,

의지, 꿈, 힘, 용기의 다함없는 원천이 되는 것이다. 언제나 나는 그 빛 속에서 사랑을 알고 그 빛 속에서 생명을 느끼고 그 빛 속에서 영원을 보기 때문이다."(산문 '햇살, 햇볕, 햇빛' 중에서)

청록파 시인 박두진의 시에 나타난 '자연'은 하나님께서 친히 창조하신 살아 있는 생명체이다. 그의 시 세계는 하나님이 자연을 창조하셨다는 인식에서 출발한다. 또 모든 인생의 궁극의 목표는 신에게 영광을 돌리는 데 있다고 생각했다.

"내가 자연을 노래하는 것도 신에게 영광과 찬미를 돌리기 위해서요, 인간과 사회를 주제로 쓰는 것도 다 궁극으로는 신의 긍휼과 자비와 그 빛을 증거하고 갈망하는 태세라야 한다고 나는 생각하고 있다."(산문 '고향에 다시 갔더니' 중에서)

그의 시는 반성과 자기부인, 신에 대한 갈망과 내맡김 등의 진정한 신앙고백으로 가득 차 있다. 그는 아내 이희성 권사와 매일 성경 한 장씩 읽고 함께 손잡고 기도를 드렸다. 그가 소천하기 얼마 전이었다. 아내가 누가복음 4~5장을 읽자 병중이라 말투가 어눌했던 그는 그날만큼은 또렷한 음성으로 "예수님은 맑고 깊고 아름다운 분이요. 심오하고 이념적이고 인권을 중요시하는 분이요. 예수님은 우리의 모든 것을 다 알고 계신 분이요"라고 말했다. 아내는 가족에게 남기는 유언으로 알고 이를 노트에 기록했다.

3부

깊은 마당
벗어나
높은 하늘
바라볼 수
있었다

전쟁소설 '순교자' 김은국…
참호 속에서 묻다

전남 목포시 유달산 전망대에서
바라본 시내와 항구

소설가 김은국/목포

6·25전쟁의 소용돌이 속에서 무고한 이들이 수없이 죽었다. 그 전선의 참호와 벙커 속에서 '우리에게 과연 신은 존재하는가'란 질문을 하며 괴로워했던 한 육군 장교가 있었다. 그는 10여년 후 6·25전쟁을 배경으로 '신앙과 실존'의 주제를 풀어 작품을 썼다. 한국 최초로 노벨 문학상 후보에 올랐던 김은국(1932~2009)의 첫 장편소설 '순교자(The Martyred)'는 그렇게 만들어졌다. 소설가 김은국은 1964년 미국에서 먼저 '순교자'를 발표해 미국 언론과 문단의 호평을 받았다. 당시 뉴욕타임스는 "도스토옙스키와 알베르 카뮈의 도덕적이며 심리적인 전통을 훌륭하게 이은 작품"이라고 평했다. '순교자'는 20주 연속 베스트셀러에 올랐으며 세계 10여 개국 언어로 번역, 출간됐다. 국내에서도 영화 연극 오페라 등으로 만들어져 관심을 모았다. 어떤 점이 그토록 큰 반향을 일으켰던 것일까. 불의와 절망, 수난과 죽음은 인간의 보편적인 고통이다. 소설은 '이 고통의 의미는 무엇인가' '고통을 이겨내는 정의가 있는가' '그 비참한 운명 앞에서 무력한 인간은 어떤

희망을 가질 수 있는가'란 질문을 끊임없이 던진다.

예향의 도시 목포

　전남 목포는 문학과 예술의 도시다. 이 도시가 낳은 예술가들을 언급할 때마다 소설가 박화성과 극작가 김우진 차범석 천승세, 시인 김지하, 평론가 김현, 소설가 최인훈과 김은국을 빼놓지 않는다. 김은국에 대한 자료는 많지 않다. 그가 1948~1950년 재학한 목포고등학교(구 목포중학교)를 찾았다. 학교 학적부를 통해 작가가 당시 용당리(현 용당동) 846번지에 살았다는 것을 알 수 있었다. 또 학교 내 역사관에서 김은국이 당시 6년제였던 목포중학교 제4회(1950년) 졸업생인 것을 확인했다.

　목포고등학교 10회 졸업생인 박준상 시인이 김은국이 살던 용당동까지 동행해 줬다. 마을에 들어서자 박 시인은 소설가 박화성이 1937~1962년 거처하며 작품 활동을 했던 집터에 세워진 세한루(歲寒樓) 앞에서 잠시

전남 목포고등학교 전경

발길을 멈췄다.

박 시인은 "이 일대가 당시 박화성 선생의 남편이 운영하던 비단공장이 운집해 있었다"고 회상하며 "조용한 성품의 김은국이 이북에서 가족과 함께 내려와 이 마을에 정착했다고 들었다"고 말했다. 그는 "김은국은 박화성의 집필실 인근에 살면서 박화성의 문학적 영향을 받은 것으로 안다"며 "이 마을에서 당시 대성동에 있던 목포중학교를 다녔을 것"이라고 전했다. 김은국은 1950년 서울대 경제학과에 입학하면서 목포를 떠났다.

신을 향한 구원의 메시지

소설 '순교자'는 해방 후 이 땅에 벌어졌던 아픈 '전쟁의 기억' 속으로 독자들을 빠르고 깊게 끌고 간다. 6·25전쟁 발발 직전 북한의 목회자 14명이 인민군에 체포된다. 이 중 12명이 처형되고 2명만 살아남는다. 충격으로 정신 이상자가 된 한 목사와 다른 또 한 사람의 목회자 신 목사. 사건의

목포고등학교 내에 있는 역사관 내부

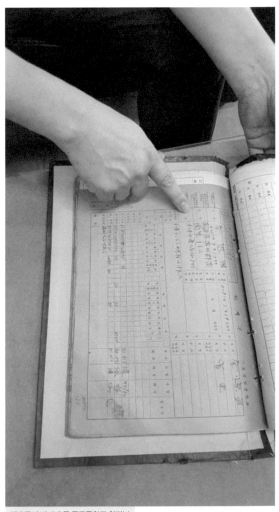

김은국의 빛바랜 구 목포중학교 학적부

정황을 아는 신 목사는 자신이 살아남은 일은 '신의 개입'이라고 말할 뿐 침묵을 지킨다. 냉정한 관찰자 입장에서 사건을 바라보는 이 대위는 장 대령의 명령으로 사건의 진상조사를 한다. 신도들은 순교한 12명의 목사를 애도하고 멀쩡하게 살아남은 신 목사에게 비난을 퍼붓는다.

그러나 얼마 후 생포된 북한군 정 소좌에 의해 진실이 폭로된다. 지금까지 위대한 순교자로 알려졌던 12명의 목사는 배교했지만, 신 목사는 용기 있게 대항한 유일한 사람이었기에 살려줬다고 했다. 그러나 신 목사는 12명의 목사가 위대한 순교자임을 믿고 거기에 힘을 얻고 살아가는 신도들을 위해 진실을 숨기고 자신은 유다와 같이 그들을 배반해 살게 됐노라고 거짓고백을 한다. 장 대령 역시 정치적인 입장에서 12명 목사를 위대한 순교자로 미화해 이용하려 한다. 신 목사는 사람들의 비난을 묵묵히 받아들일 뿐 아니라 후퇴하는 유엔군을 따라가지 않고 평양에 남았다가 실종된다. '순교자'의 대략적인 줄거리다.

소설은 전쟁이라는 극한상황에서 벌어지는 인간 실존의 문제와 신을 향한 절대적 구원의 메시지를 정면에서 다룬다. 신 목사는 신의 섭리를 간절히 간구하고 고뇌하는 인간의 모습을 보인다.

"날 좀 도와주시오. 불쌍한 내 교인들, 전쟁과 굶주림과 추위와 질병, 그리고 삶의 피곤에 시달리는 이들을 내가 사랑할 수 있게 도와주시오. 고난이 그들의 희망과 믿음을 움켜쥐고 그들을 절망의 바다로 떠내려 보내고 있소. ⋯ 우린 절망과 싸우지 않으면 안 돼요. 우린 그 절망을 때려 부수어 그것이 인간의 삶을 타락시키고 인간을 단순한 겁쟁이로 쪼그라뜨리지 못하게 해야 합니다."(소설 '순교자' 중에서)

이런 신 목사의 절규에 이 대위는 "당신의 신은 그의 백성들이 당하고 있는 고통을 알고 있는가? 아무 관심도 없지 않은가? 그런데 왜 당신은 사람들을 속이는가?'라고 물으며 스스로도 그 답을 찾고자 한다.

알베르 카뮈에게 헌사

작가는 알베르 카뮈에게 작품의 헌사를 했다. "이상한 형태의 사랑'에 대한 그의 통찰이 나로 하여금 한국 전선의 참호와 벙커에서의 허무주의를 극복할 수 있게 해줬다. 알베르 카뮈에게." 전쟁의 공포와 참상을 고스란히 경험한 그가 신앙을 갈망하면서 느끼는 의혹과 고뇌는 인간의 보편적인 고뇌였다.

소설 속 신 목사는 고통당하는 백성들의 모습에 '과연 하나님이 계실까? 계시다면 우리 민족의 비참한 상황을 방관하고 계실까'라는 의문을 품기 시작한다. 결국 신 목사는 고통당하는 신도들에게 환상을 심어 현실의 고통과 좌절에서 벗어나도록 하는 것이 목회자인 자신의 역할이라는 새로운 신앙을 정립한다. 자신이 구해야 할 이들은 고통당하는 인간이며 그것이 가장 급선무라는 결심이다. 그가 말한 '이상한 형태의 사랑'이다.

이 소설의 모티브는 외조부 이학봉 목사였다. 북한 공산당의 핍박에 저항했던 외조부는 6·25전쟁 직전 공산정권에 의해 체포된 후 1950년 10월 18일 저녁 대동강변에서 순교했다. 김은국은 할아버지가 장로교회 목사인 기독교 집안에서 태어났다. 부친은 1980년 대통령 표창과 1990년 건국훈장 애족장을 받은 독립운동가 김찬도다. 작가는 황해도에서 어린 시절을 보내고 평양고등보통학교를 다녔다. 그러나 북한에 공산주의 정권이 들어서자 독실한 신앙인이었던 가족 전체가 1947년 남한으로 내려왔다. 가족은 남쪽 멀리 목포에 삶의 터전을 마련했다. 그는 목포고등학교에서 학업을 계속했다.

박준상 시인이 용당동 세한루 앞에서 김은국 작가에 대해 설명하고 있다.

이후 미국으로 건너가 1960년 존스홉킨스대학교에서 문학 석사학위를 받고, 미국 여성 페닐로우프 앤 그롤과 결혼했다. 슬하에 1남 1녀가 있다. 1962년에는 아이오와대학교의 작가 워크숍에서 창작 석사학위(MFA)를 받았다. 소설 '순교자'는 아이오와대학교의 작가 워크숍을 통해 탄생한 것이다. 이외의 작품으로 5·16군사 쿠데타를 소재로 한 '심판자', 일제 강점기 한 소년의 이야기를 담은 '잃어버린 이름' 등이 있다. 1981년부터 2년간 풀브라이트 교환 교수 자격으로 서울대에서 강의했다. 2009년 6월 23일 매사추세츠의 자택에서 암 투병 중 77세를 일기로 생을 마감했다. 전 인생 중 한국에 머문 시간보다 미국에서 보낸 시간이 더 길었지만 그의 작품은 한국역사의 아픔과 함께했다.

김은국에게 작가적 토양을 심어준 목포의 구(舊)도심에는 세월을 담아낸 터전들이 남아있다. 유달산 인근엔 역사의 아픔을 확연하게 보여주는 목포근대역사관 2관(옛 동양척식주식회사)이 있고 부근은 지금도 일본식 가옥이 많이 남아있다. 역사관에서 나와 유달산을 향해 서면 언덕길 옆으로 붉은 벽돌로 지어진 목포근대역사관 1관이 눈에 들어온다. 옛 일본영사관 건물이다. 60여 년 전 이 땅에서 일어났던 아픈 역사 이야기를 떠올리며 시가지를 걸었다. 지척에서 항구의 바람이 불어왔다.

김은국처럼 생각하기

정의에 대한 약속 없이 인간은 고난 못이겨

소설가 김은국은 6·25전쟁 발발 후 군대에 입대해 통역장교로 5년 가까이 복무했다. 전쟁의 공포와 참상을 고스란히 경험했다.

"목사님의 신이건 그 어떤 신이건 세상의 모든 신은 대체 우리에게 무슨 관심을 갖고 있습니까? 당신의 신은 우리의 고난을 이해하지도 않을뿐더러 인간의 비참, 살육, 굶주린 백성들, 그 많은 전쟁 그리고 그 밖의 끔찍한 일들과는 애당초 아무 상관도 하려 하지 않습니다. … 거짓말에 거짓말의 연속 아닙니까? 열두 명의 목사는 모두 이유 없이 도륙 당했습니다. 그들은 신의 영광을 위해 죽은 것이 아닙니다. 그들은 인간들의 손에 죽임을 당했고 그들의 죽음에 대해 당신의 신은 그렇게 무관심할 수가 없었습니다. 그 판국에 당신께선 신을 찬미하다니요."

삶을 뒤흔든 이 대위의 질문에 대해 작가는 신 목사의 목소리를 빌려 이렇게 말한다.

"나는 인간이 희망을 잃을 때 어떻게 동물이 되는지, 약속을 잃었을 때 어떻게 야만이 되는지를 거기서 보았소. … 희망 없이는, 그리고 정의에 대한 약속 없이 인간은 고난을 이겨내지 못합니다. 그 희망과 약속을 이 세상에서 찾을 수 없다면 다른 데서라도 찾아야 합니다. … 인간을 사랑하시오. 대위, 그들을 사랑해주시오. 용기를 갖고 십자가를 지시오. 절망과 싸우고 인간을 사랑하고 이 유한한 인간을 동정해줄 용기를 가지시오."

그는 고난 속에서 힘을 발휘하지 못하는 신앙이라면 그것은 죽은 신앙이라고 생각했다. 이는 작가가 전 인생을 통해 전하고 싶었던 말이었다.

고독과 눈물,
신을 향해 벌리는
팔이 더욱 커지다

선교사 묘원을 향해 조성된 '고난의 길'.
한국에서 선교하는 동안 아내와 자녀를
잃고 이곳에 묻힌 선교사들의 아픔을 생
각하며 걷는 길이다.

김현승 시인/
광주 양림동 시인의 길과 詩碑

광주 남구 양림동은 근현대의 시간이 절묘하게 조화를 이루는 곳이다. 20세기 초 미국을 비롯한 서구 선교사들이 광주에 처음으로 정착한 곳이 양림동이다. 기독교 영향을 받은 근대식 학교, 병원, 선교사 주택 등 역사의 흔적이 곳곳에 남아 있다.

또한 이곳은 '고독의 시인' '눈물의 시인'으로 불리는 다형(茶兄) 김현승 (1913~1975) 문학의 발원지이다. 그는 신앙과 사유, 고독, 근대의 분위기 속에서 시의 방향을 가다듬고 천착했다. 그는 양림동을 자신의 고향이자 '영적인 저수지'로 여겼다. 그는 부친이 양림교회에 부임하던 때부터 양림동에 정착해 30여 년간 머물렀다. 고독과 눈물, 신앙으로 집약되는 김현승 시인의 흔적이 남아있는 곳이다.

양림의 정신은 '사랑과 희생'

호남신학대학 캠퍼스에 "가을에는/ 기도하게 하소서…/ 낙엽들이 지는

고난의 길을 걸어 올라가면 만나는 선교사 묘원

때를 기다려 내게 주신/ 겸허한 모국어로 나를 채우소서"로 시작하는 김현승의 '가을의 기도' 시비가 있다. 평소 김 시인은 호남신학대학이 있는 양림산을 자주 산책하며 사색을 즐겼다고 한다. 학교 뒷산에 있는 선교사 묘원으로 가는 길목엔 '시인의 길'이 조성돼 있다. 시인은 이곳에서 무등산과 시내를 바라보며 시상을 떠올렸을 것이다.

　선교사 묘원으로 오르는 길엔 65개 디딤돌로 이루어진 '고난의 길'이 있다. 한국에서 선교하는 동안 아내와 자녀를 잃고 이곳에 묻힌 선교사들의 아픔을 생각하며 걷는 길이다. 선교사 묘원엔 배유지, 우일선, 오웬을 비롯해 호남 지역에서 선교하다 숨진 미국 남장로교 선교사들의 묘 22기가 안장돼 있다. 울창한 숲에 둘러싸인 고요한 무덤들 앞에서 100여 년 전 이곳에 복음을 전하기 위해 온 선교사들을 기억했다. 누군가 선교사들의 사랑과 희생이 '양림의 정신'이라고 말했던 것이 충분히 이해됐다.

이런 사색의 공간에서 성장한 시인은 숭실전문학교 3학년 때인 1934년 5월 동아일보에 '쓸쓸한 겨울 저녁이 올 때 당신들은'과 '어린 새벽은 우리를 찾아온다 합니다'로 등단했다. 이후 서정성 짙은 시와 종교적 성찰이 담긴 시를 발표하며 자신만의 문학세계를 열어왔다. 그의 밑바탕엔 선조 때부터 내려오는 신앙이 깔려 있다.

신사참배 항거로 고초 당해

그는 호남 최초의 세례교인 중 한명인 김창국 목사와 광주YWCA 초대 회장을 지낸 양응모 여사 사이에 6남매 중 차남으로 태어났다. 맏형은 군산 개복동교회를 담임했던 김현정 목사이다. 한국선교 초기에 한의원을 했던 조부가 복음을 받아들인 믿음의 가정이다. 이 가정은 1937년 신사참배 항거사건에 연루돼 고초를 겪었다. 그는 아버지와 누이동생과 함께 투옥돼 고문을 당했고, 누이동생은 그 일로 목숨을 잃었다. 시인은 고문의 육체적·정신적 후유증을 겪는 와중에 교직에서 파면됐고 일제의 문화말살 정책으로 1945년 광복까지 시작(詩作) 역시 중단할 수밖에 없었다.

김현승 시인의 부친 김창국 목사가 1922년부터 25년 동안 시무했던 양림교회는 광주 최초의 교회이다. 1904년 미국 선교사 배유지(유진 벨·1868~1925)가 자신의 사택에서 예배를 드린 것이 교회의 시작이다. 현재 건물은 1954년에 지어졌다. 양림교회 앞에는 광주에서 활동하다 순교한 오웬 선교사와 그 할아버지를 기념하기 위해 세워진 2층의 회색 벽돌 건물 '오웬기념각'이 있다. 당시 유교적 관습에 따라 남녀가 들어가는 문이 달랐기에 출입문이 2개이고 설교단을 중심으로 좌우 대칭 구조로 돼 있다.

커피와 차를 좋아했던 다형(茶兄)

아쉽게도 김현승 문학관이 없다. 제중로 47번길에서 만난 '다형다방'은 시인 김현승을 기념하는 무인카페다. 그는 가을과 가을의 향기를 닮은 커피를 좋아했다. 그는 생전에 커피를 즐겨마셨기에 '차를 좋아하는 형'(다형)이라 불렸다. 방문객들은 셀프 형식으로 제공되는 믹스커피와 녹차티백을 이용해 자유롭게 차를 마시고 쉬었다 갈 수 있다. 내부엔 양림동의 옛 모습을 담은 사진들이 전시돼 있다. 카페 옆엔 '시인의 벤치'가 마련돼 있어 간간이 여행자들이 머물다 간다.

다형다방에서 나오면 오른편으로 호남신대 언덕길이 이어진다. 이 야트막한 언덕은 일제강점기에 전염병으로 죽은 사람들을 풍장했던 곳이다. 선교사들은 이곳에 사택을 짓고 일반 환자와 한센병 환자들을 돌보기 시작했다. 이 언덕은 그래서 '광주의 예루살렘' '선교사 마을'로 불리며 치유의 공간, 교육의 공간으로 발전해 갔다. 호남신학대학으로 향하는 길에 피터슨, 우일선 선교사 사택을 만날 수 있다. 시인은 이 길을 자주 걸으며 암흑과 같은 시대적 현실에서 인간은 스스로 구원할 수 없는 존재임을 자각했다.

고독이 클수록 강해지는 신앙

그는 신 앞에 구원을 갈구하며 뿌리 깊은 원죄의식을 느꼈다.

"나는 내가 항상 무겁다/ 나같이 무거운 무게도 내게는 없을 것이다./ 나는 내가 무거워/ 나를 등에 지고 다닌다/ 나는 나의 짐이다."(연(鉛) 중에서)

이러한 원죄의식이 기독교정신으로 표출된 것이 고독이었다.

"나의 본질은 고독이다. 인간은 그 근원에 있어 고독하다. 그러므로 고독감은 인간의 자폐증이다. 따라서 고독감이 강할수록 인간의 영원과 무한에 대한 신앙은 강하게 되고, 신을 향하여 벌리는 팔이 더욱 커질 수밖에 없다."('숭전 어문학 제2집' 중에서)

그는 절대고독을 통해 절대신앙을 노래했다.

"나는 이제야 내가 생각하던/ 영원의 먼 끝을 만지게 되었다.…내가 만지는 손끝에서/ 영원의 별들은 흩어져 빛을 잃지만,/ 내가 만지는 손끝에서/ 나는 내게로 오히려 더 가까이 다가오는/ 따뜻한 체온을 새로이 느낀다./ 이 체온으로 나는 내게서 끝나는/ 나의 영원을 외로이 내 가슴에 품어

광주 남구 제중로 47번길에서
만날 수 있는 '다형다방'

준다."('절대고독' 중에서)

　시인은 고독의 사유에서 끝나는 것이 아니라 생명의 근원이 되신 하나
님께 회개하며 '고독'을 '썩지 않은 기쁨의 눈물'로 바꾸어 가기를 갈망했다.
슬픔이나 눈물과 같은 어두운 면을 통해 인생의 가치를 추구했다. 이는 십
자가에 의한 속죄 사상과 고통의 의미를 조금이라도 체득해 보려는 신앙
이 모태부터 있었기 때문이다.

　그는 인간이 신 앞에 드릴 것이 있다면 그것은 변하기 쉬운 웃음이 아
니라 신 앞에서 흘리는 눈물뿐이라고 고백했다. 그는 사랑하는 4살 된 아

들을 병으로 잃고 그 아픔을 믿음으로 달래며 '눈물'이란 시를 썼다.

"더러는/ 옥토에 떨어지는 작은 생명이고저…/ 흠도 티도,/ 금가지 않은/ 나의 전체는 오직 이뿐!/ 더욱 값진 것으로/ 드리라 하올 제/ 나의 가장 나아종 지닌 것도 오직 이뿐/ 아름다운 나무의 꽃이 시듦을 보시고/ 열매를 맺게 하신 당신은/ 나의 웃음을 만드신 후에/ 새로이 나의 눈물을 지어주시다."(시 '눈물' 전문)

그는 붓으로 눈물을 찍어 시를 썼다. 그리고 예수 그리스도의 신성을 슬픔으로 해석했다. 온 인류에게 버림받고 마지막에는 하나님에게까지 버림받았던 그리스도의 슬픔에 대한 깊은 이해가 있었기 때문에 가능했다.

"내 눈물의 밤이슬과/ 내 이웃들의 머금은 미소와/ 저 슬픈 미망인들의 눈동자를 만드신/ 당신은,/ 우리보다 먼저 오시어 시로서 지상을 윤택케 하신 이"(시 '육체' 중에서)

고독에 대한 탐색으로 가장 온전한 것을 하나님께 드리고자 했던 김현승 시인은 1975년 4월 10일, 숭전대학(숭실대 전신) 채플 시간에 예정된 설교를 앞두고 기도하던 중 쓰러져 운명했다.

100년의 시간이 머무는 것 같은 양림동엔 시인이 30여 년간 살았던 집(양림동 78번지)이 있다. 그는 생을 마감할 때까지 6권의 시집에 260여 편의 시를 남겼지만 시인의 집은 오래전에 헐리고 현재 가옥 터만 남아있다. 그 빈터 앞에서 그가 작고하기 두달 전에 쓴 시 '마지막 지상에서'가 떠올랐다.

"나의 넋이여/ 그 나라의 무덤은/ 안녕한가 사방은 고요하다!/ 오늘 하루 아무 일도 일어나지 않았다."

이 시는 회의와 갈등으로 방황하던 그가 정신적 고뇌를 마무리 짓고 평안한 하나님 나라를 희망한 마지막 육성이었다.

김현승처럼 생각하기

시를 잃더라도 기독교적 신념 놓칠 수 없다

김현승 시인의 초기 시는 사색과 관조, 철학적 경향이 주를 이루었다. 중기에는 신과 종교에 대한 회의로 '고독의 시'를 주로 썼으며 자신도 신을 떠났다고 고백했다. 그러다 1973년 3월 둘째 아들의 결혼식 날 고혈압으로 쓰러진 후, 약 두 달간의 병상에서 일어나자 그동안의 종교적 방황과 인간적 교만을 참회하고 앞으로는 믿음의 시만 쓰겠다고 고백했다.

그가 병상에서 일어난 후 제일 먼저 한 일이 문학관의 개조였다.

"나는 20대에 문단에 나와 지금까지 반생 이상을 시를 썼다. 그러나 나는 목사의 아들이며 시인이면서도 한 번도 우리 사회에 발행하는 신문이나 잡지에 신앙 중심의 시를 발표한 적이 없다. 기독교 신문이나 기독교 잡지에서 원고 청탁이 오면 기독교 시를 써 보냈으나 일간신문이나 잡지에는 지상 중심의 시를 써서 보내고도 예사로 알아왔다. 나는 이 사실을 참회했다. 내가 받은 시재(詩材)는 어디로부터 받은 것인가? 그것은 하나님이 주신 것이지 지상의 어느 누가 내 가슴과 머릿속에 넣어 준 것이 아니고 넣을 수도 없다."(산문 '하나님께 감사를 보내며' 중에서)

'고독의 성'에서 걸어 나와 하나님께 의지한 그는 신앙은 삶의 근원과 가장 밀접한 관계가 있다고 생각했다. '나의 詩作生活 20年記'에서 "지금의 나의 심경은 시를 잃더라도 나의 기독교적 구원의 욕망과 신념은 결단코 놓칠 수 없고 변할 수 없다"고 밝혔다. 시 '절대신앙'은 신 앞에서 절대 변하지 않는 신앙을 확증하는 듯하다.

"당신의 불꽃 속으로/ 나의 눈송이가/ 뛰어듭니다./ 당신의 불꽃은/ 나의 눈송이를/ 자취도 없이 품어 줍니다."('절대신앙' 전문)

아이들을 사랑한 이,
동화같은 봄을 선물하다

'고향의 봄'에서 '꽃 대궐'로
표현된 김종영 생가.

아동문학가 이원수/
창원 고향의 봄 도서관 · 문학관

나라를 잃어버렸던 시기에 민족이 즐겨 불렀던 노래는 겨레의 마음이 됐다. 이 시절 만들어진 동원(冬原) 이원수(1911~1981)의 '고향의 봄'과 최순애(1914~1998)의 '오빠 생각'은 해방 뒤 초등학교 교과서에 수록되면서 어린이뿐 아니라 동심을 그리워하는 이들이 즐겨 부르는 겨레의 노래가 됐다.

식민지 조선은 아동문학의 불모지였다. 소파 방정환이 1923년 월간 잡지 '어린이'를 펴내면서 아동문학이 싹트기 시작했다. 당시 '어린이'를 애독하던 12세 최순애는 '오빠 생각'(1925)으로, 16세 이원수는 '고향의 봄'(1926)으로 등단했다. '어린이' 잡지를 통해 알게 된 이들은 '기쁨사' 동인으

아동문학가 이원수와 최순애가
등단한 월간 잡지 '어린이'

로 활동하면서 더 가까워졌고 10여 년 동안의 펜팔로 부부의 연을 맺었다.

꽃 대궐 차린 동네

'아동문학의 거목' 이원수는 방정환과 함께 근대 어린이문학, 문화운동의 선구자로 꼽힌다. 그는 민족의 현실을 시의 소재로 삼았고 우리 민족이 겪어왔던 아픔과 슬픔, 안타까움과 그리움 같은 민족정서를 풀어 누구나 쉽게 읽을 수 있는 동시를 썼다. 해방 후에는 주로 통일과 민주주의, 생명존중과 더불어 사는 삶, 정의와 같은 문제를 소년소설과 동화 속에 담았다.

대표작 '고향의 봄'은 일제식민지 시절 한일합병 이전의 조선을 그리워하며 조국을 떠나 만주, 연해주 등지에서 독립운동을 하는 운동가들의 심정을 우회적으로 노래했다. 이원수 문학의 산실이며 '고향의 봄'의 배경지는 경남 창원이다.

경남 창원시 의창구 서상동 '고향의 봄 도서관' 지하 1층에 이원수의 생애와 문학세계를 엿볼 수 있는 문학관이 있다. 문학관엔 이원수의 아내 최순애가 평소 읽던 성경책도 전시돼 있다. 최순애는 '어린이'에 이원수보다

'고향의 봄 시비가 세워진 경남 창원시 용지공원에서 어린이들이 평화롭게 자전거를 타고 있다.

한 해 먼저 동요가 입선될 정도로 동요에 관심이 많았지만, 결혼 후 자녀를 양육하고 집안 살림을 도맡느라 동요를 계속 쓰지 못했다. 대신 신앙생활과 교회봉사에 열중했다. 그가 동시집을 내려고 써둔 원고들은 6·25전쟁 당시 불타 소실됐고 10편 정도 남았다.

"뜸북 뜸북 뜸북새 논에서 울고/ 뻐꾹 뻐꾹 뻐꾹새 숲에서 울 제/ 우리 오빠 말 타고 서울 가시면/ 비단 구두 사가지고 오신다더니/ 기럭기럭 기러기 북에서 오고/ 귀뚤귀뚤 귀뚜라미 슬피 울건만/ 서울 가신 오빠는 소식도 없고/ 나뭇잎만 우수수 떨어집니다."('오빠 생각' 전문)

최순애의 '오빠 생각'은 집에 돌아오지 못하는 오빠를 기다리는 간절한 마음을 담은 동시다. 그의 오빠 최영주는 일본 도쿄에서 유학까지 한 지식인이었다. 최영주는 일본 경찰에 쫓겨 숨어 다니다가 건강을 해쳐 결국 요절했다. 최순애는 생전 한 언론과의 인터뷰에서 시작(詩作) 동기를 이같이 밝혔다.

"오빠는 고향인 수원에서 소년운동을 하다가 서울로 옮겨 방정환 선생 밑에서 소년운동과 독립운동을 열심히 했다. 집에는 한 달에 한 번 정도밖에 오질 않았다. 오빠가 집에 올 때면 늘 선물을 사 왔는데 한번은 '다음에 올 땐 우리 순애 고운 댕기 사줄게'라고 말하고 서울로 떠났다. 그러나 서울 간 오빠는 소식조차 없었다. 그런 오빠를 그리며 과수원 밭둑에서 서울 하늘을 보면서 울다가 돌아왔다. 그래서 쓴 시가 바로 '오빠 생각'이었다."

이원수가 남긴 많은 작품엔 창원의 천주산과 실개천 공기와 바람이 젖어 있다.

"내가 자란 고향은 경남 창원읍이다. 나는 그 조그만 읍에서 아홉 살까지 살았다…창원읍에서 자라며 나는 동문 밖에서 좀 떨어져 있는 소답리라는 마을의 서당에 다녔다. 소답리는 작은 마을이었지만 읍내에서도 볼 수 없는 오래 되고 큰 기와집의 부잣집들이 있었다. 큰 고목의 정자나무와 봄이면 뒷산의 진달래와 철쭉꽃이 어우러져 피고, 마을 집 돌담 너머로 보이는 복숭아꽃 살구꽃도 아름다웠다…창원의 성문 밖 개울이며 서당 마을의 꽃들이며 냇가의 수양버들, 남쪽 들판의 푸른 보리. 이런 것들이 그립고 거기서 놀던 때가 한없이 즐거웠던 것 같았다. 그래서 쓴 동요가 '고향의 봄'이었다." (수필 '흘러가는 세월 속에' 중에서)

남산자락 고향의 봄 도서관

이원수 문학관을 나와 뒷산의 산책로를 따라 걸어 올라가면 남산자락과 만난다. 복숭아꽃 살구꽃이 피었던 남산자락에는 보리밭과 미나리밭이 파란들처럼 펼쳐져 있다. 이원수가 어린 시절 성장한 천주산 아래의 소답동으로 발길을 향했다. 문학관에서 버스로 10분 거리에 있다.

　이원수가 양산에서 태어나 한 살 때 이사해 아홉 살 때까지 살았던 곳이다. 그의 동심 속 '작고 초라한 성문 밖 개울, 서당 마을의 꽃, 냇가의 수양버들, 남쪽 들판의 푸른 보리밭'이 있는 서정적 공간이다. 그의 '정서적 샘' 역할을 했던 천주산은 봄이면 진달래와 철쭉이 흐드러지게 피어나 예나 지금이나 크게 변하지 않았다.

　창원읍성은 도시가 형성되면서 대부분 없어졌고 터만 남았다. 이원수는 어린 시절 성문을 드나들며 서당에 다녔을 것이고, 동네를 가로지르며 친구네로 놀러갔을 것이다. 돌담 너머 대궐집이 보였다. '고향의 봄' 노랫말에서 '꽃 대궐'로 표현된 조각가 김종영 선생 생가 마당엔 울긋불긋 꽃들이 피어 있었다.

이원수문학관 내부 전경.

경남 창원시 소답동 창원초등학교 입구부터 김종영 생가까지의 이면도로는 '고향의 봄길'로 지정됐다.

"나의 살던 고향은 꽃피는 산골/ 복숭아꽃 살구꽃 아기 진달래/ 울긋불긋 꽃 대궐 차린 동네/그 속에서 놀던 때가 그립습니다."('고향의 봄' 중에서)

소답동 창원초등학교 입구부터 김종영 생가까지의 이면도로는 '고향의 봄길'로 지정돼, 이원수의 삶을 소개하는 입간판이 세워져 있다. 4~6세 때 살았던 북동리 207번지엔 성장지 표지석이 있다. 또 창원시민들의 휴식공간인 용호동 용지공원에 '고향의 봄' 시비가 세워졌다.

일제강점기 이원수는 당시 주류였던 동심주의나 천사주의를 뛰어넘는 면모를 보였다. 일제강점기의 현실 속에 우리 민족이 겪어야했던 설움을 작품 속에 잘 드러냈고 해방 후엔 동시로 표현하지 못했던 많은 이야기들을 동화와 소년 소설에 담았다. 6·25전쟁이후엔 분단, 실향 이산가족의 문제를 작품 속에 담아 어린이 문학이 사회의 가장 첨예한 현실문제까지 담을 수 있다는 것을 보여줬다.

그러나 그가 일제 말기에 친일시를 쓴 것은 큰 아쉬움으로 남는다. 이에 대해 아동문학가 이오덕은 한국글쓰기교육연구회 2002년 회보에서 이렇게 말했다. "선생만큼 불의와 부정을 싫어하고 어떤 권력 앞에서도 굽히거나 타협하지 않고 올바르게 살고 있다고 생각되는 사람을 만난 적이 없다.…이렇게 살았던 태도로 미루어 선생은 일제 말기에 한때 저질렀던 그 친일 행적을 뼈아프게 뉘우쳤음이 분명하다. 어쩌면 선생은 친일 동시를 썼던 몇 해 동안의 죄를 갚기 위해 그 세월의 꼭 10배나 되는 동안(한평생을) 우리 어린이와 겨레를 살리기 위한 작품을 남기려고 했던 것이 아닌가 하는 생각이 든다."

아동문학가 이원수가 4~6세까
지 성장한 집터에 세워진 표지석

이원수는 '민들레의 노래' '메아리 소년' '호수속의 오두막집' 등 반전(反戰)메시지를 담은 작품, '땅 속의 귀' '어느 마산 소녀의 이야기' '벚꽃과 돌멩이' 등 4·19정신을 담은 작품, '토끼 대통령' '명월산의 너구리' '잔디숲의 이쁜이' 등 독재정치를 비판한 작품을 썼다. 또 전태일 분신 사건 때 한 노동자의 의로운 죽음을 의인동화에 담은 '불새의 춤'을 즉시 발표했다. 그는 리얼리즘에 입각한 아동문학을 펼치면서 아동문학은 몽상적이고 유치하다는 통념을 깨고자 했다.

투병 중 받은 세례

이원수가 신앙을 갖게 된 것은 1978년 구강암 발병으로 죽음의 공포와

싸우며 작품 활동을 하던 무렵이었다. 이 시기 그는 죽음의 그림자를 감지하고 겸허히 받아들이면서 어린이들을 위한 밝은 내용의 작품들을 썼다.

"어릴 때/ 내 키는 제일 작았지만/ 환히 들여다보았었지/ 아버지가 나를 높이 안아 주셨으니까/ 밝고 넓은 길에선/ 항상 앞장세우고/ 어둡고 험한 데선/ 뒤따르고 하셨지/ 무서운 것이 덤빌 땐/ 아버지는 나를 꼭 / 가슴 속, 품속에 넣고 계셨지…"('아버지'중에서)

그가 마지막으로 쓴 동시 '겨울 물오리'는 죽음을 초월하고자 한 의지가 서려 있다.

"얼음 어는 강물이/ 춥지도 않니?/ 동동동 떠다니는/ 물오리들아/ 얼음장 위에서도/ 맨발로 노는/ 아장아장 물오리/ 귀여운 새야/ 나도 이젠 찬바람/ 무섭지 않다/ 오리들아, 이 강에서 같이 살자"('겨울 물오리' 전문)

이원수의 차녀 이정옥(73 · 군포산본교회) 집사는 "평소 '주님의 존재를 믿는다'고 가족들에게 말씀하셨던 아버지는 말년에서야 어머니가 그토록 함께 하길 원했던 신앙을 갖게 됐다"고 말했다. 이 집사는 "어머니 최순애는 독실한 기독교 가정에서 성장했고 평생 말씀을 의지해 사셨어요. 저희 3남 3녀 자녀들 모두 신앙인으로 양육하셨죠. 아버지는 소설가 황순원 선생님의 인도로 신앙을 갖게 됐어요."

이원수는 암 투병 중일 때 "병든 후에야 주님을 찾는 것이 죄스럽다"
며 교회 나가길 거부했으나 병이 위중해지자 천국에 대한 소망을 갖고
1980년 11월, 서울 남현동 남성교회에서 세례를 받았다. 소천하기 세 달
전이었다.

이원수처럼 생각하기

죄 없는 나의 가난에 원망도
슬픔도 갖지 않았다

"약한 몸으로 경난 속에 살아온 내 아내에 대해서 무슨 말을 해야 옳은
지 잘 모르겠다. 처 최순애의 어릴 적 작품 '오빠 생각'과 내 동요 '고향의
봄'이 인연이 되어 오랫동안 마음으로 생각하다가 결혼을 의논하게 되자
내가 일본 사람들에게 붙들려가서 꼭 1년 동안 아내는 눈물로 세월을 보
내며 기다려 주었다." (수필 '나의 아내' 중에서)

기독교 가정의 부유한 환경에서 성장한 최순애와 가난한 목수의 아들
이었던 이원수의 결혼은 처음부터 순탄치 않았다. 결혼을 약속한 후 생각
지도 못한 일이 터졌다. 두 사람이 처음 만나기로 한 날 이원수는 '함안 반
일독서회 사건'으로 체포돼 1년간 마산형무소에서 감옥 생활을 했다. 그
의 동시 '두부 장수'는 이 때 형무소 안에서 쓴 것이다

1936년 출소한 이원수는 처가가 있는 경기도 수원에서 결혼식을 올렸고 마산에서 신혼살림을 시작했다. 그는 늘 가난에서 헤어나기 힘들었지만 강직한 마음으로 이겨냈다.

"나는 나의 가난에 죄 없음을 깨달았고 죄 없는 나의 가난에 대해서 원망도 슬픔도 갖지 않기로 했다. 더구나 죄 없는 나의 가난에 조금이라도 비굴이나 불의나 부정으로서 대항하지 않는 것을 내 생활의 신조로 삼았다. 천연의 동심으로 아동들을 위한 문학을 하기 위해서도 그것은 오히려 필요한 생활 태도임을 확신했다."(수필 '끝없는 시련 속에 일생을 즐거이' 중에서)

이원수는 자신의 고집과 자존심을 누구보다도 잘 알아주고 탓하지 않는 아내를 평생의 문우(文友)로 여겼다.

하나님 섭리 헤아릴 수
없음을 노래하다

경상북도 청도군 청도읍 유천
마을 이영도 시조시인의 생가.

이영도 시조시인 /
경북 청도 유천마을

"먼 첨탑(尖塔)이 타네/ 내 가슴 절벽에도/ 돌아앉은 인정 위에/ 뜨겁던 임의 그 피/ 회한은 어진 깨달음인가/ '골고다'로 젖는 노을."(이영도의 '노을' 전문)

경상북도 청도군 청도읍 내호리 유천마을은 '달무리' '보릿고개' 등 민족 고유의 정한을 단아하고 섬세한 가락으로 승화시켜 현대 시조를 한층 빛낸 정운(丁芸) 이영도(1916~1976) 시조시인이 태어나고 성장한 곳이다. 그는 우리나라 대표적인 시조시인 이호우의 여동생이다. 유천마을은 유명한 오누이 시조시인이 태어난 마을이란 이유로 '시인의 마을'로 불린다.

유천마을은 옛 모습을 그대로 간직한 영신 정미소, 지금은 사용되지 않지만 일제강점기 때부터 있던 유천극장, 일본식 가옥의 금화 미용실, LP판 돌아가는 소리가 나는 듯한 중앙소리사 등 1970년대의 모습이다. 정미소 앞 ㄱ자형 기와집 앞에 발길을 멈췄다. 시인의 생가였다. 1910년께 건축된

생가의 열린 철대문 사이로 안채가 보인다. 마당에 시인의 어린
시절을 지켜보았을 감나무가 홀로 빈집을 지키고 있다.

단층 한옥 기와집으로 안채와 사랑채로 구성돼 있다. 이곳은 한국 문학사에 중요한 위치에 있는 시조시인 남매의 생가라는 점에서 문화사적 가치가 높다. 철대문 옆엔 '등록문화제 제293호 이호우 이영도 생가'란 팻말이 붙어 있다. 마당엔 시인의 어린 시절을 지켜봤을 키 큰 감나무가 빈집을 지키고 있다.

"우리 집 뜰엔 감나무가 많았다. 우리나라 명물로 손꼽히는 청도 반시의 고장이기 때문이다. 수십 년의 연륜을 감고 뜨락 가득히 그늘을 드리운 감나무 아래서 초여름의 긴 긴 낮을 감꽃을 주워 그것으로 꾸리는 소꿉살림이 여간 호화롭지 않았다."(수필 '그 산천, 그 동무들' 중에서)

초가을에 새로 바른 창호지

이영도 시인은 청마 유치환의 시 '행복' '파도야 어쩌란 말이냐', 서간집 '사랑하였으므로 행복하였네라'의 주인공이다. 20여 년 동안 청마로부터 5000여 통의 편지를 받았던 여인이란 인식에 가려 시조시인으로서의 문학적 업적과 작품세계를 제대로 조명 받지 못한 경향이 있다.

이영도는 우리나라 전통 시가인 시조를 현대적으로 구현하는 데 공헌했다. 정형시 형식의 질서를 가장 현대적으로 승화시키고 시대의 아픔을 역사적인 관점에서 성찰했다는 점에서 재평가 받을 만하다. 또 광복 직후 불모지나 다름없던 현대 시조계에 여류시조의 산맥을 일으켰다고 평가받고 있다. 노산(鷺山) 이은상은 이영도 유고시집 '언약' 서문에 이렇게 말했다. "사향노루가 지나간 뒤에는 발자국 닿는 풀끝마다 향기가 끼치듯이, 그는 어디론지 가버렸건만 향내 머금은 작품들이 남아 우리 가슴에 풍기고 있다."

이영도는 남편과 사별한 1945년 12월 경북 대구 동인지 '죽순'에 시조 '제야'를 발표하면서 등단했다. 문학평론가들은 '탁마(琢磨)된 시어는 구김살이 없이 좌악 펴져서 윤기가 난다' '초가을에 새로 바른 창호지 같다'고 평했다.

"우러르면 내 어머님/ 눈물 고이신 눈매/ 얼굴을 묻고/ 아아 우주이던 가슴/ 그 자락 학같이 여기고, 이 밤 너울너울 아지랑이"('달무리' 전문)

"사흘 안 끓여도/ 솥이 하마 녹슬었나/ 보리 누름 철은/ 해도 어이 이리 긴고/ 감꽃만/ 줍던 아이가/ 몰래 솥을 열어보네"('보릿고개' 전문)

종착지는 구원의 날개

"여기는 슬기의 이방/ 당신마저 외면하고/ 목마른 소망들이/ 지향 잃은 벌판인데/ 먼 궁창/ 대기권 밖에선/ 달빛보다 곱다든가/ 주! 이젠 그 못자국/ 만지게 하옵소서/ 우러르던 첨탑들로/ 허울로만 남아 선 자리/ 기댈 곳/ 없는 내 의지/ 홀로 추정을 간다"('추정을 간다' 전문)

시인 이동주는 '이영도 평론'에서 "그는 유교의 토양에 착근돼 길러온 교양에 기독교적인 정신이 접목돼 꽃을 피우게 했다"고 언급했다. "유교주의에서 출발해 불교적 세계관 속을 얼마간 서성이다가 기독교적 구원의 날개 밑에 안주했다. 이영도 시조의 가장 뚜렷한 정신의 터전이자 최종 종착지는 기독교적 구원의 날개 밑이다."(이동주의 '이영도 평론'중에서)

그가 신앙을 갖게 된 것은 30대 초반으로 추정된다. 그는 1946년 작곡

시인의 생가 인근 '오누이 공원'에 이호우 시비와 이영도 시비(오른쪽)가 나란히 서 있다.

가 윤이상, 시인 유치환이 근무하던 통영여고 교사로 부임했는데 이 시기 폐침윤 발병으로 마산 결핵요양원에서 요양했다. 당시 폐질환은 결핵이 대부분이었고 그것은 당시 의료 수준으로 사형 선고와 다름없었다. 이때 그는 불교에서 기독교로 개종했으며, 육체적인 질병을 통해 신앙은 더욱 견고해졌다.

신앙인에게 기도는 호흡과 같다. 이후 그의 작품엔 은총, 감사, 구원 등의 신앙적 희구가 느껴진다. 구원에 대한 강한 갈구가 담긴 이영도 시인의 '청맹의 창'은 하나님의 섭리가 너무나 커 인간의 작은 마음으로 헤아릴 수 없음을 노래한다.

"정작 가득하여/ 안을 수 없는 하늘/ 이 목숨 싹 트임도/ 당신 뜻이거니/ 빛 부신/ 그 음성마저/ 내 귀는 닫힌 절벽/ 높고 먼 뜻을 이르랴/ 제 눈에 티도 못 비친/ 그 청맹의 창/ 닦아도 닦아도 흐리고/ 더듬어/ 생애 한 가슴에/ 부딪치는 또 한 벽."('청맹의 창' 전문)

경상북도 청도군 청도읍 내호리 유천마을 입구.

　부산에도 그의 흔적이 남아 있다. 1956년부터 11년 동안 부산 금정구 장전동 자택인 애일당에서 살았다. 박옥금 시조시인은 이영도 평전 '내가 아는 이영도, 그 달빛 같은'에서 "현재 부산대 앞 장전3동 장전2지구대 맞은편 장전제일교회 주차장 자리가 애일당 터"라고 밝힌다. 부산 동래 금강공원에 '단란' '석류' '모란'이 새겨진 이영도 시비가 있다. 그는 애일당 마당에 잔디를 심고, 꽃씨를 뿌리며 가꾸며 말씀을 묵상했다.

　"그리움도 슬픔도 티 없이 밝아지는 기도일 수밖에 없다. 나는 이 그지없는 고요의 시간에 시를 생각하고 사랑을 느끼고 신의 음성을 드는 것이다…애정을 달래기 위해 신을 불러 무릎을 꿇고 눈물 짓는 것인지 모른다. 슬픈 기도도, 알뜰한 솜씨도, 간절한 시도 그 애정을 통해서만이 있는 나의 하늘은 투명한 9만 리! 그의 애가의 숨결 따라 내 성좌는 밤마다 명암하고, 아쉬움은 먼 무지개로 꿈을 잇은 것이 아니겠는가?"(수필 '애정은 기도처

럼' 중에서)

이영도는 1953년 부산 남성여고 부임 이후 부산소정교회에 출석했다. 이후 부산여자대학에 출강했고 1967년 서울로 이주했다. 1974년 중앙대 예술대학교 강사로 강단에 섰으며 여류문학인회 부회장, 시조시인협회 부회장을 역임했다.

그는 1976년 3월 6일 시조집 '언약'의 서문을 이은상 시인에게 맡기고 돌아온 후 자택에서 뇌일혈로 쓰러졌다. 유고 시조집이 된 '언약'은 기독교적 구원의 시어가 진한 모성적인 회귀로 나타나고 있다. 특히 '갈원' '종1' '기도' '은총' '추정을 간다' '부활절의 노래' 등 기독교 신앙이 짙게 나타나는 시조들로 만년을 독실한 신앙인으로 살다 갔음을 알 수 있다.

청매로 오누이 공원

이영도 생가엔 현재 아무도 거주하지 않지만 매년 이호우와 이영도를 그리는 많은 사람들로 인해 빈집으로 느껴지지 않는다. 청도군에서는 2009년부터 매년 11월 '이호우 이영도 오누이 시조 문학제'를 개최하고 있다.

시인 생가에서 동창천 쪽으로 걸어 나오면 청매로에 '오누이공원'이 있다. 두 남매가 우리나라 현대 시조 문학사에 큰 업적을 남긴 것을 기리기 위해 근래에 조성된 기념공원이다. 시비공원엔 사이좋은 오누이처럼 시비도 나란히 세워져 있다. 말씀을 사모했던 시인의 마음이 담긴 '봄비'가 말씀처럼 '시인의 마을'인 유천마을에 내리는 듯했다.

"조용히 잠결을 흔들고/ 장지 밖 봄비소리/ 한겨울 내 담통을 풀며/ 우수절 밤비가 내린다/ 강산은 관절을 펴고/ 물문들이 열리겠다/ 이 밤, 당신 말씀에/ 홍건히 적심 입어/ 거듭나고 싶어라/ 내 심령 덩굴마다/ 뿌리신/ 씨앗 낱낱이/ 알곡으로 맺고 싶다.ˮ('봄비' 전문)

이영도처럼 생각하기

무릎 꿇고 간구할
신앙이 있음은 얼마나 다행한 일인가

　행복이란 지극히 주관적인 자기 인식이다. 이영도 시인은 자신을 행복한 사람이라 생각했다. 이유는 분명했다. 자신의 모든 걸 맡기고 간구할 수 있는 하나님을 가슴속에 지녔기 때문이었다.

　"인간으로서의 내 힘이 미치지 못할 때, 인간으로서의 내 가슴을 스스로 다스리기 어려울 때 겸손히 무릎을 꿇고 간구할 신앙이 있음은 얼마나 다행한 일이며 스스로의 구원이 될 수 있는지 모릅니다. …그러기에 나는 새벽마다 밤마다, 그것이 자신에게 타이르는 스스로의 교훈이든 하루 동안의 자기 행위에 대한 반성이든 간에 버릇처럼 가슴에 손을 모으고 조용히 눈을 감는 기도의 자세를 취하게 되는 것이며 그러므로 하여 스스로 심신의 안위를 얻어 오고 있는 것입니다."(수필 '진실한 행복' 중에서)

　그는 분노도 사랑도 고운 꿈도 '죽음의 권위' 앞에선 한 자락 스쳐가는

감정의 사치로 여겼다. "이제는 정말 찬란하게 삶을 누려야겠다고 생각한
다. 모든 실재 위에 신의 이름이 영광되듯, 내게 허락된 남은 세월은 기쁘
고 슬프고 또한 아름다운 생명의 자취를 나의 문학으로 윤색하고 조각하
며 회한 없는 목숨을 누려야겠다. 크나큰 은총은 죽음의 피안에서뿐 아니
라 바로 오늘의 삶 위에 받들어야겠다고 생각하고 있다."(수필 '생사의 갈
림길에서' 중에서)

　　그는 폐침윤으로 두 번의 요양생활을 했다. 이 시간을 통해 죽음에 대
한 생각과 준비를 했을 것이다. 그가 별세하기 5년 전 딸에게 쓴 편지를 보
면 죽음을 초월한 시인의 마음을 알 수 있다.

　　"진아. 내 사랑하는 딸. 1971년 11월 7일 1시에 엄마가 네게 마지막
부탁을 쓴다. 엄마가 죽은 뒤 울음을 삼가고 엄마가 소속한 교회(현동교
회, 은산교회)에 기별해서 찬송가 419장 '주 날개 밑에 내가 쉬며'를 불러
주도록 부탁하고, 진아 너도 울음 대신 이 찬송가로 엄마의 마지막 영혼을
축복해다오. 오직 하나인 내 혈육 진아의 행복과 자손들의 번영과 평강을
엄마는 하늘나라에서 빌며 지낼 것이다."(박옥금의 '내가 아는 이영도, 그
달빛 같은' 중에서)

이 시대 아벨의 울음
들었는가

전남 해남군 삼산면 송정리 고정희 시인이
태어나 스무살까지 살던 집이다.

고정희 시인/해남 생가와
광주 국립5·18민주묘지

"애비는 돌아와/ 아내의 무덤에 비문을 새긴다…절제된 침묵을 무덤에 새긴다/ '여보, 당신은 천사였소. 천국에서 만납시다'…시온을 구하시러/ 강물처럼 그가 달려오리니/ 슬픔은 슬픔으로 구원받으리/ 오늘은 슬픔이라 이름 받는 애비여"('망월리 풍경' 중에서)

광주 민주화운동으로 시대의 모순이 절정에 달했을 무렵 출간된 고정희(1948~1991) 시인의 '이 시대의 아벨'(1983년)에 수록된 시다. 한 줄기의 빛이 어둠을 비추듯, 한 줄의 시는 상한 영혼의 손을 잡아 줄 수 있다. 그는 상처 입은 영혼을 위로하는 아름다운 시들을 썼다.

만일 그가 살아있다면 '5·18광주민주화운동 기념식'에서 '임을 위한 행진곡'이 합창으로 불려야 하는지 제창으로 불려야 하는지가 중요한 것이 아니라 상처를 입은 영혼들을 위로하는 일이 중요하다고 말해줄 것 같다. 역사의 누적된 슬픔을 넘어 희망의 강으로 이끄는 그의 시들을 따라 전남 해남으로, 광주 망월동으로 발길을 옮겼다.

전남 해남군 삼산면 송정리 259번지. 고정희 시인의 생가 앞 팻말엔 '이 집은 자유를 향한 시혼을 뜨겁게 불태우며 민족 민중 그리고 여성의 해방을 위해 살다간 시인 고정희의 생가'라고 적혀 있다. 시인이 태어나 스무 살 때까지 머물렀던 고향집이다.

마당은 깊고 고요했다. 전형적인 농가 주택으로 방 세 개를 터서 서재로 만들었다. 책장 가득 빼곡한 책이며 시인의 손때가 묻은 물건 사이로 '고행' '청빈' '묵상'이란 글씨가 새겨진 나무 액자가 눈에 띄었다. 시인이 어떤 가치관으로 삶과 문학이 공존하는 삶을 살고자 했는지 느껴졌다. 책꽂이와 액자 곳곳에 노란색 나비 모양의 카드가 나비처럼 앉아있다. 카드엔 시인을 추모하는 메모가 빼곡했다. 시인이 밤새 글을 썼을 책상 위로 정오의 햇살이 쏟아져 들어왔다.

고통에게로 가자

절망과 고난을 대하는 그의 태도는 남달랐다. 그는 상하지 않은 갈대가 되지 않겠다고 말하지 않고 오히려 충분히 흔들리며 고통에 다가가자고 말했다.

"상한 갈대라도 하늘 아래선/ 한 계절 넉넉히 흔들리거니/ 뿌리 깊으면야/ 밑둥 잘리어도 새 순은 돋거니/ 충분히 흔들리자 상한 영혼이여/ 충분히 흔들리며 고통에게로 가자…두 팔로 막아도 바람은 불 듯/ 영원한 눈물이란 없느니라/ 영원한 비탄이란 없느니라/ 캄캄한 밤이라도 하늘 아래선/ 마주 잡을 손 하나 오고 있거니"('상한 영혼을 위하여' 중에서)

고정희 시인의 생가 전경

책꽂이와 액자 곳곳에 노란색 나비 모양의 카드가 나비처럼 앉아있다.

시인이 자주 산책했던 뒷산 '송정소나무숲길'

　'하늘 아래서 흔들릴 수 있다'는 것은 아무리 절망적인 상황이라도 구원이 하늘로부터 온다는 것을 믿기에 충분히 흔들리며 고통에게로 가자고 말할 수 있는 것이다. 또 '영원한 눈물 영원한 비탄'이 없다고 말하는 것은 초월자에 대한 굳은 믿음이 있기 때문이다.

고행 · 묵상 · 청빈, 그것은 삶의 지표였다

그가 시를 쓰기 시작한 것은 스무 살 무렵이었다. 1970년 광주에서 '새전남' '주간전남'의 사회부 기자로 일하면서 시대의식과 여성문제에 눈을 떠갔다. 1975년 '현대시학'으로 등단한 후 1991년 지리산 등반 중 급류에 휩쓸려 생을 마감하기 전까지 10권의 시집을 상재했다.

그는 평소 입버릇처럼 "나는 이상과 현실을 분리해서 생각하지 않으며 정치 현실과 예술의 혼을 따로 떼어 놓지 못한다. 삶과 이데아는 동전의 안과 밖의 관계이다"라고 말해 왔다. 그의 이력이 삶을 증명하는 듯하다. 그는 광주YWCA 대학생부 간사, 크리스챤아카데미 출판부 책임간사, 가정법률상담소 출판부장 등을 지내면서 기독교 정신을 바탕으로 한 자유 사랑 정의의 정신을 실천해 나갔다. 여성신문 초대 편집주간을 거쳐 여성문화운동 동인 '또하나의문화'에서 활동하는 등 여성 운동가로서의 사회활동도 했다.

그에겐 여러 의미의 고향이 있다. 육신의 고향 해남은 온화한 자연에 실린 한의 정서와 가락으로 시인의 길을 그에게 열어주었다. 고단하고 외로울 때 찾아가면 사랑과 희망을 충전시켜 주던 지리산은 그의 정신적 고향이었다. 늦은 나이에 입학한 한신대는 기독교적 세계관으로 그의 삶을 채워준 영혼의 고향이었다. 외로움과 쓸쓸함을 고향 해남을 생각하며 버텨냈다면 같은 기간에 밀어닥친 시대적 위기의식에는 한신대에서 길러진 종교적 도덕성으로 맞서왔다. 수유리 한신대는 진보 신학교가 갖는 기독교적 해방 부분과 인근 국립4 · 19민주묘지의 저항성이 일치된 곳이다.

해남 생가를 나와 오른쪽으로 올라가면 자그마한 동산이 나온다. 구릉 전체가 키 큰 해송들이 군락을 이룬다. 뒷동산은 그가 고등학교 시절 자주 올라와 저수지를 바라보던 곳이다. 사방의 넓은 들판과 언덕, 보리밭 마늘

밭이 내려다보인다. 이곳에 앉아 시인은 그리운 얼굴들을 떠올렸을 것 같다.

"사랑하고 사랑하고 사랑하는 당신이라고 썼다가 이 세상에서 지울 수 없는 얼굴 있음을 알았습니다."('지울 수 없는 얼굴' 중에서)

시인이 앉았던 자리엔 현재 그의 무덤이 자리하고 있다.

1980년을 지나온 모든 사람에게 그랬듯이 역사는 시인에게도 부여된 살아남은 자의 책임이었다. 시인은 '광야의 선지자'처럼 우리에게 민중의 문제를 끊임없이 일깨웠다. 그가 자주 산책했던 뒷산 '송정 소나무 숲길'을 걸으며 마음은 광주로 향했다.

"오월이라는 의미를/ 그대 저녁 밥상에서 밀어내지 말라/ 광주는 그대의 밥이다/ 오월이라는 눈물을/ 그대 마른 가슴에서 닦아내지 말라/ 광주는 그대의 칼이다."('망월동 원혼들이 쓰는 절명시' 중에서)

이 시대 아벨은 누구인가

어떤 의미에서 그의 시는 기독교 정신을 올바르게 풀어 보여주는 복음의 노래였다. 인간을 향한 서늘한 열기로 가득 찬 사랑의 노래가 바로 그리스도의 정신이었다. 특히 그의 시 '이 시대의 아벨'은 시대의 어둠에 대한 인식이다. 구약성경(창 4:9~10)에서 차용했다. 광주민주화운동이 일어난 1980년대 초, 우리 사회를 '무고한 아벨'을 죽인 어둠의 시대로 시인은 인식했다. 형 가인에게 무고하게 살해된 아우 아벨을 찾는 하나님의 물음과 질타를 고정희는 시를 통해 우리에게 쏟아냈던 것이다.

광주 광역시 북부 민주로 '국립5·18민주묘지'

열린 창호지 여닫이문 사이로 시인의 손때 묻은 책들과 물건이 보인다.

"너의 안락한 처마 밑에서/ 함께 살기 원하던 우리들의 아벨/ 너의 따뜻한 난롯가에서/ 함께 몸을 비비던 아벨은 어디로 갔는가…어둠의 골짜기로 거슬러 오르던/ 너희 아벨은 어디로 갔는가?…이제 침묵은 용서받지 못한다…바람 부는 이 세상 어디서나/ 아벨의 울음은 잠들지 못하리."('이 시대의 아벨' 중에서)

우리가 저버린 아벨은 누구인가. 아벨은 바로 억압받는 민중이며 억울하게 숨겨간 사람들이다. 광주광역시 북구 민주로 '국립5·18민주묘지'로 가는 길은 이팝나무 군락지였다. 도로변 양쪽에 이팝나무가 줄지어 있었다. 밤새 눈이 온 듯 아스팔트에는 흰 꽃이 흩뿌려져 있었다.

'국립5·18민주묘지' 제1묘역을 걸었다. 묘비명들이 자꾸 발걸음을 멈추게 했다. "신학교를 졸업하고 주님의 나라 정의를 위해 살려고 노력했고

유난히 정이 많던 내 아들아 편히 쉬거라.""사랑하는 아우야, 네 죽음이 이 나라 역사를 다시 여는 밑거름이 되었다. 너의 넋이 이 세상 사람들의 아름 다운 삶으로 되살아나고 있음이 보인다."

주님이 우리에게 안락한 처마 밑에서 함께 살기 원했던 우리들의 아벨, 풍성한 산해진미 잔칫상에서 주린 배 움켜쥐던 아벨은 어디에 있냐고 물 으시는 것 같다. "너희 식탁과 아벨을 바꿨느냐/ 너희 침상과 아벨을 바꿨 느냐/ 너희 교회당과 아벨을 바꿨느냐…너희 아벨은 어디에 있느냐" 이 시 대의 아벨은 누구인가.

그러나 시인은 춥고 어두운 겨울의 무덤 속에서도 좌절하지 않는 희망 과 용기를 간직하는 것만이 오직 어둠을 이기는 비결이라고 말한다.

"이 어둠 속에서 우리가 할 일은/ 오직 두 손을 맞잡는 일/ 손을 맞잡고 뜨겁게 뜨겁게 부둥켜안는 일/ 부둥켜안고 체온을 느끼는 일/ 체온을 느끼며 하늘을 보는 일이거니"('서울 사랑-어둠을 위하여' 중에서)

묘원 어디선가 아카시아꽃 향기가 불어왔다. 무더운 여름을 예고하는 듯했다.

고정희처럼 생각하기

한 영혼이여
충분히 흔들리자

시 '상한 영혼을 위하여'는 "상한 갈대를 꺾지 아니하며 꺼져가는 등불을 끄지 아니하고 진실로 정의를 시행할 것이며"(사 42:3)란 성경 말씀을 떠오르게 한다. 고정희 시인에게 예수님은 상한 갈대도 꺾지 아니하시고 꺼져가는 등불도 끄지 아니하시는 분이다. 또 주님은 약자의 편에서 그들을 돌보시고 위로하시는 분이다. 그것을 믿는 시인은 어떤 상황 속에서도 쉽게 절망하지 않았다. 강한 의지로 생명에 대한 한없는 사랑을 노래했다. 즉 우리가 공평하신 하나님의 손길을 믿고 있다면 이 세속의 흔들림을 겁낼 것 없다는 것이다.

또한 그는 투철한 기독교 정신을 바탕으로 시를 썼지만 늘 갈등했다. 좌절을 가져다 준 현실의 충격이 그만큼 깊었기 때문이었다. 그가 현실로

부터 받은 충격의 아픔은 아벨의 죽음으로 표상되는 '양심'과 '정의의 상실'이다. 그의 환부는 실낙원 기행(1981년) 서문에서 나타난다.

"신으로부터 진리로부터 내가 경외하는 크고 환한 빛으로부터 저만치 비켜선 어둡고 왜소한 나를 바라보며 눈 감아도 느껴지는 '비겁'이란 단어를 감춘다. 과연 나의 지성이 열망하는 정신의 가나안에 다다를 수 있는가를 질문한다…마태복음 25장에 나오는 미련한 다섯 처녀처럼 기름 없는 램프만 들고 어두워오는 들판으로 밤마다 떠났다. 두 가지 고통이 뒤따랐다. 내가 나를 인식하는 실존적 아픔, 다른 하나는 나와 세계 안에 가로놓인 상황적 아픔이다."

시를 쓴다는 것은 그가 믿는 것을 실현하는 장이며 그가 보는 것을 밝히는 방이고 그가 바라는 것을 일구는 땅이었다.

깊은 마당 벗어나
높은 하늘 바라볼 수 있었다

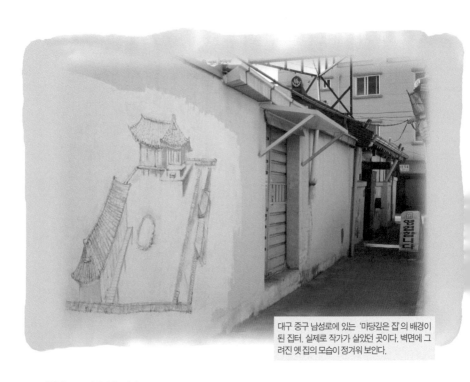

대구 중구 남성로에 있는 '마당깊은 집'의 배경이
된 집터. 실제로 작가가 살았던 곳이다. 벽면에 그
려진 옛 집의 모습이 정겨워 보인다.

전쟁이 빚어낸 비극적인 이야기는 남은 자의 마음을 아프게 한다. 그러
나 문학은 전쟁이 남긴 상처가 세월이 지난 뒤 아름다운 무늬가 될 수 있도
록 우리를 성찰케 한다.

한국의 대표적인 '분단작가' 김원일(1942~)은 6·25 한국전쟁이란 일관
된 소재로 '분단문학'이란 독특한 지평을 획득했다. 2016년에 등단 50주년
을 맞은 그는 6·25를 소재로 한 7개의 단편을 모은 '비단길'을 출간했다. 비
극적인 이야기들이 돌덩이를 삼킨 듯 아프다.

'형과 함께 간 길'은 국군으로 한국전쟁에 참전 중인 형이 전우의 유골
을 경북 문경에 사는 가족에게 전해주러 가는 길에 고향집을 방문한 이야
기다. 그러나 얼마 후 동생은 형의 이름과 군번이 새겨진 알루미늄판과 유
골을 다른 전우로부터 받는다.

"그해 10월 하순, 형의 이름과 군번이 새겨진 알루미늄판이 다른 전우

의 손에 들려 고향집으로 배달되었다. 훗날 부모님은 형의 유골을 받아들었을 때의 심정을 두고 '큰애가 문경 사는 전우 집에 유골 상자를 전해주려 집에 잠시 들렀을 때, 그 길이 부모의 고향을 찾아볼 마지막 길이 될 것임을 예감했지 않았겠느냐' 했고, 사람에게는 누구나 자신의 운명에 대해 묵시적으로 암시하는 기회가 한 번쯤은 있다며, 형의 마지막 귀향을 두고 말할 때 애석한 마음을 비치곤 했다."

전쟁 후 수많은 가족들이 겪었던 아픔이었으리라.

사막에 부드러운 비단이 깔리는 꿈

그는 전쟁으로 인한 분단의 아픔을 집요하게 파헤쳐 인간이 겪어야 하는 필연적인 고난을 이겨내는 삶의 자세를 보여주고 싶어 했다. '어둠의 혼'(1973), '노을'(1977), '불의 제전'(1983), '겨울 골짜기'(1986), '마당깊은 집'(1988)에 이르기까지 한국전쟁과 거기에 휩쓸려 수난 받는 가족의 운명에 천착했다. 그의 소설을 관통하는 가장 큰 공통점은 한국전쟁으로 인한 '분단의 아픔'과 '아버지의 부재'. 좌익운동가였던 부친은 한국전쟁 때 가족을 남겨두고 단신 월북했다. 단편 '아버지의 나라'에서 그는 분단문학을 깊이 일군 배경을 설명한다.

"내게 아버지란 어떤 존재이기에 이렇게 그분의 생사 문제에 매달릴까를 되짚어보자, 목울대로 무엇인가 울컥 치받혔다. 나는 문단에 나온 초기부터 아버지의 험난한 생애를 유추하며 당신의 곡진한 삶을 다루어보겠다고 애면글면 애써온 셈이었다."

작가는 '아버지의 나라'에서 이루지 못한 소망(아버지와의 만남)을 허구의 소설 '비단길'에서 다사롭고 풍성한 이산가족 상봉의 모습으로 그려 자신을 위로한다. 그러나 소설 속 어머니는 남편과 헤어질 때 "여생을 당신과 함께 조석으로 따뜻한 밥 대접하며 보내고 싶심더. 제발 날 거기로 데려가 주이소"라고 울부짖는다. 어머니는 남편을 상봉한 지 얼마 후 치매에 걸린다. 60여 년 이별의 아픔이 한두 시간의 만남으로 치유될 수 없었을 것이다. 남편을 만나고 싶은 어머니의 간절함은 사막의 실크로드에 부드러운 비단이 깔린 꿈을 꾸는 것으로 표출된다. 언젠가 그 비단길이 펼쳐지길 바라는 이산가족의 아픔은 여전히 우리에게 숙제로 남는다.

상처가 아름다운 무늬가 되도록

그의 대표적인 자전적 소설 '마당깊은 집'의 배경이 된 곳은 대구시 중

대구의 몽마르트르 언덕으로 불리는 '청라언덕'과 선교사 주택

구 장관동. 소설에서처럼 '장관동을 남북으로 비스듬히 뚫어 약전골목에서 종로로 빠져나가는 그 긴 골목 중간쯤'에 마당깊은 집이 있었다. 실제로 작가가 살았던 집이고 현재 사람은 살지 않는다.

'마당깊은 집'은 6 · 25가 끝난 직후인 1954년 4월 하순부터 1년 동안 대구시 장관동 시절을 13살 소년의 시선으로 그린 것이다. 경남 김해시 진영이 고향인 작가는 중학교부터 대학교까지 대구에 살았다. '마당깊은 집'은 이렇게 시작된다.

"고향 장터거리의 주막에서 불목하니 노릇을 하며 어렵사리 초등학교를 졸업하자, 선례누나가 나를 데리러 왔다. 나는 누나를 따라 대구시로 가는 기차를 탔다. …우리 가족이 세들어 있던 집은 장관동을 남북으로 비스듬히 뚫어 약전골목에서 종로로 빠져나가는 그 긴 골목 중간쯤에 있었다. 장관동은 일제 시대를 거치며 개수된 삼사십 평의 나지막한 ㄷ근자형 기와집이 태반이었는데, 우리 가족이 세들었던 집은 장관동에서도 몇 되지 않는 칸수 많은 널따란 대갓집 중 하나였다."

마당깊은 집, 자전적 텍스트

'마당깊은 집'에는 기차 모양처럼 기다랗게 지어진 아래채 끝방에 주인공 길남의 가족, 그 옆방에 개성에서 피란 나온 개성댁 가족, 평양에서 피란 나온 평양댁 가족, 위채와 가까운 방에 강원도에서 피란 나온 상이군인 가족이 살았고, 문간채에는 남편이 북으로 가버려 김천에서 피란 온 김천댁 가족이 세 들어 살았다. 위채에는 직물공장 간부인 주인집이 살았다. 스무 명이 넘는 그 많은 식구들은 서로 부대끼며 사소한 문제를 두고 아웅다

웅 다투며, 때로는 서로에게 의지해가며 전쟁 후 생활을 힘들게 이겨냈다.

주인공 길남을 '신문팔이'에서 '신문배달 소년'으로 끌어주며 따뜻한 격려를 아끼지 않았던 친구 한주의 존재는 소설에서 빛난다. 길남은 성장 후에도 "길남이를 믿어보세요"라는 말과 "참는 자에게 복이 있다"는 성경 구절을 전해준 친구를 기억한다고 고백한다. 이로 인해 타인에 대한 신뢰와 성실성이 일종의 좌우명이 됐다. 한주는 마당깊은 집의 식구는 아니었지만 깊은 마당에서 벗어나 높은 하늘을 바라볼 수 있는 받침돌 역할을 해주었다.

근대문화의 거리, 골목길 투어

마당깊은 집이 있는 대구 중구 남성로 약령시 약전골목엔 한약방들이

청라언덕으로 이어지는 '3·1만세운동길'

즐비하게 들어서 있다. 조선 효종 9년(1658)부터 매년 봄과 가을 두 차례에 걸쳐 한약재를 유통시켰던 전통 한약시장이 있었던 곳이다. 이 골목엔 작가가 다녔던 고딕건축 양식의 대구제일교회(대구시유형문화재 제30호, 새 성전을 건축해 1994년 이전)가 위용 있게 서 있다. 맞은편에 민족운동의 거점 공간이었던 구 대구 교남YMCA 회관이 있다.

골목길을 벗어나 작가가 사색하며 자주 거닐던 동산동 청라(青蘿:푸른 담쟁이)언덕으로 향했다. 이국적인 계산성당 앞에 서니 현재의 대구제일교회가 보였다. 청라언덕은 19세기 초 기독교 선교사들이 거주하면서 담쟁이를 많이 심은 데서 붙여진 이름이라고 한다. 완만한 경사를 오르자 초록빛 담쟁이로 가득 덮인 붉은색 벽돌 건물과 고풍스러운 서양식 정원이 펼쳐졌다. 1899년 미국 선교사들이 들어와 살면서 지금의 모습을 갖추게 됐다. 선교사 스윗즈, 블레어, 챔니스의 주택 3채가 지금은 의료선교박물관으로 새롭게 단장됐다. 근대 역사와 건축학적 특징을 엿볼 수 있을 뿐 아니라 한적하고 조용해 도심 속 사색 공간으로도 손색없다.

청라언덕 위에 백합 필 적에

작가의 기독교에 대한 시선은 건강하고 따스하다.

"내가 종교를 가지면서부터 고통 받는 사람을 주인공으로 하여, 고통받는 사람과 함께하는 협력자를 등장시키기 시작한 것은 자연스러운 문학적 이행의 결과였다. '늘 푸른 소나무'의 석주율이 그런 인물이다. 그는 타인이 당하는 고통의 짐을 자신이 대신 지고 묵묵히 걸어간 인물이다. 그렇다고 그는 선지자나 영웅이 아니었고 주위에서 흔히 볼 수 있는 보통사람보다 오히려 연약한 인간이었다. 그의 장점이라면 정직과 겸손, 인내심이었다. '마음의 감옥'도 그런 내 생각이 여물어져 나온 소설이다. 주인공(현구)은 빈민운동에 자신을 내던졌고, 그 결과 죽음을 맞지만 나는 이를 패배라 인정하지 않는다."(산문집 '기억의 풍경들' 중에서)

대구에는 이야기와 추억이 켜켜이 쌓인 골목길이 많다. 최근 대구시가 내건 슬로건 '근대의 골목'이란 말 그대로 옛 모습을 간직한 대구의 골목들이 추억의 명소가 되고 있다. 그 골목은 과거를 돌아보는 길목이었고, 전쟁이 막 끝난 1954년 그 무렵의 시간과 조우하는 시간이었다.

김원일처럼 생각하기

예수님 정신은 貧者에 대한 사랑

"예수님의 정신은 포괄적이고 심오해서 한마디로 말하기 어렵지만 빈자에 대한 사랑, 가난한 자에 대한 사랑이 핵심이라고 생각합니다. 그들의 어깨를 감싸시는 그분의 마음을 전하고 싶습니다."

문학을 통해 전하고 싶었던 기독교 정신이 무엇이냐고 묻는 질문에 김원일 작가는 이렇게 대답했다. 이런 그의 생각은 작품에서도 잘 나타난다. 장편 '가족'에서 화자인 김준은 자신의 신앙도 흔들리면서 보육원을 운영하는 누이에게 신앙을 가져보라고 권유한다.

"누나처럼 자기희생을 바탕으로 사회봉사활동을 하는 사람들말야. 독실한 신앙 없인 이런 일을 오래 지탱하지 못하던데."

장편 '불의 제전'도 크리스천은 가장 어려운 순간에 남을 돕는 게 당연하다는 저자의 따뜻한 시각을 담고 있다. '김원일 소설에 나타난 기독교 사상 연구'로 박사학위를 받은 경기도 포천 일동감리교회 정학진 목사는 김원일 작가가 생각하는 종교의 본질은 '양심의 본질과 초월의 힘'이라고 말했다. 이런 신앙관은 한 계간지에 그가 쓴 글에서도 알 수 있다.

"얼마 전에 나는 교회 집사가 되었다. 물론 나는 기복신앙인은 아니다. 다만 자기를 낮추고 소외된 모든 대상을 감싸 안는 실천적인 모습을 성경을 통해 늘 반성할 수 있기 때문이다. 어떤 종교든 그 종교의 심부에는 그런 양심의 본질과 초월의 힘이 있다. 그래서 자기를 낮추어 수양케 하며 남을 사랑으로 수용케 한다는 겸손에서 문학과 일맥상통하다."('영원한 비판정신에서 넉넉한 자기완성까지' 작가세계 1991년 여름호)

그가 목사가 될 뻔한 일화도 있다. 그는 1967년 가난과 무명으로 힘들 때 '현대문학' 제1회 장편소설에 응모하고 안 되면 신학 공부를 하기로 결심했었다. 그러나 '어둠의 축제'가 당선됐다. 당선소감으로 "진리가 너희를 자유케 하리라"는 성경 말씀을 인용했다. 그는 "당시 종교지 기자로 신실한 크리스천들을 인터뷰하면서 많은 영향을 받았고 독실했던 아내의 영향이 컸다"고 회고했다. 현재 그는 서울 경동교회 원로집사이다.

꿋꿋한 마음의 붓대,
신앙으로 세우다

충남 당진시 송악면 부곡리에 있는 '필경사' 전경.
심훈 문학의 산실이다.

소설가 심훈/

충남 당진 필경사 · 기념관

한 자루의 붓, 그것은 그에게 쟁기였고 연장이었다. 그는 붓을 든 '심장의 파수병'이었다. 소설가 심훈(1901~1936)은 농촌 계몽소설 '상록수'를 쓴 일제 식민지 시대의 작가이다. 우리에게는 '상록수'의 작가로 널리 알려져 있으나 '그날이 오면'이란 저항시로 유명한 시인이며, 영화인이었고 언론인이기도 했다. '심훈 문학'의 산실인 충남 당진시 송악면 부곡리의 필경사(筆耕舍)를 찾았다. 그는 민족의식과 일제에 대한 저항의식을 지닌 당대의 지식인이었다. 1934년 직접 설계해 지은 필경사에서 '상록수'를 집필했다. 필경사는 마음의 붓으로 논밭을 일구자는 뜻의 당호이다. 그는 원고지에 농사를 지었다.

"우리의 붓끝은 날마다 흰 종이 위를 갈며 나간다/한 자루의 붓, 그것은 우리의 쟁기요, 유일한 연장이다···우리의 꿋꿋한 붓대가 몇 번이나 꺾였었던고···파랗고 빨간 잉크는 정맥과 동맥의 피 최후의 한 방울까지 종이

위에 그 피를 뿌릴 뿐이다."(심훈의 시 '필경(筆耕)' 중에서)

마음의 붓으로 논밭을 일구다

필경사는 대지 661㎡에 건평 62㎡인 아담한 팔작지붕의 목조집이다. 벽체는 황토를 짓이겨 바른 전형적인 농촌의 초가이다. 이곳은 한때 교회로 사용됐다. 심훈의 둘째 형 심명섭 목사가 6·25 때 납북되면서 그의 부인 권유회 권사가 이곳으로 내려와 1951~1970년까지 심훈가(家) 가족들과 피란민을 중심으로 예배를 드렸다. 이후 심훈의 장조카가 관리해 오다 당진시청에 기념물로 기증해 오늘에 이른다. 필경사 옆엔 심훈의 생애와 문학세계를 돌아볼 수 있는 '심훈 기념관'이 있다.

필경사를 둘러싼 우거진 숲에서 바람이 불어왔다. 무성한 솔잎들이 바닷바람에 부딪혀 풀 먹인 홑이불 소리처럼 사각거리는 소리를 냈다. 마당에 세워진 '그날이 오면' 시비 앞에 걸음을 멈췄다.

"그날이 오면 그날이 오면은/ 삼각산이 일어나 더덩실 춤이라도 추고/ 한강물이 뒤집혀 용솟음칠 그날이/ 이 목숨 끊기기 전에 와 주기만 하량이면/ 나는 밤하늘에 나는 까마귀와 같이/ 종로의 인경을 머리로 들이받아 울리오리다…우렁찬 그 소리를 한번이라도 듣기만 하면/ 그 자리에 꺼꾸러져도 눈을 감겠소이다."

소설 속 재회의 장소 큰덕미

이 마을 일대는 소설 '상록수'의 무대이다. 소설 속 한곡리는 부곡리와 한진리 두 마을을 합쳐 이름 지은 가상의 마을로 주인공 박동혁이 열정적

필경사 정원에 조성된 상록수들이 푸르게 빛나고 있다.

으로 농촌계몽운동을 펼친 곳이다. 또 소설 속 채영신이 바닷길을 통해 부두(한진포구)로 오는 길은 심훈이 바다를 통해 서울로 가던 길이었다.

"해변에서 새우를 잡아 말리고, 준치나 숭어를 잡는 철이 되면, 막살이를 나오는 술장수에게 빌려주는 오막살이의 방 한칸을 빌렸다" 소설 '상록수'에 그려진 마을 풍경이다.

소설 속 기억을 되짚어가며 한진포구로 갔다. 한진포구는 소설에서 말하는 '큰덕미'이다. 지금은 부곡국가산업단지로 변했지만 농촌인 부곡리와 갯마을 한진리는 아산만 갯벌과 염전을 가르는 신작로로 연결돼 있다.

소설에서 "큰덕미는 하루 한 번 똑딱이(석유 발동선)가 와 닿는 조그만 포구로, 주막 몇 집과 미루나무만 엉성하게 선 나루터"로 그려졌다. 동혁이 영신을 기다렸던 곳이었다. 현실 속의 '큰덕미'는 한진리 해변의 조그만 산이었으나 공단이 들어서면서 지금은 사라졌다.

"이른 아침 동혁은 찢어진 지우산을 숙여 쓰고 '큰덕미'로 갔다. 쇠대갈 산 등성이 위에 올라 머리를 드니, 구름과 안개에 싸인 바다가 눈앞에 훤하게 터진다. 무엇에 짓눌렀던 가슴이 두 쪽에 쩍 뼈개지는 것 같은 통쾌감과 함께, 동혁은 앞으로 안기는 시원한 바람을 폐량껏 들이마셨다가 후우 하고 토해내고는 휘파람을 불며불며 나루께로 내려갔다."

동혁이 영신을 기다렸던 한진포구엔 실제로 1970년대 초반까지 인천을 왕래하는 여객선이 드나들었고, 1980년대 초까지 경기도 평택을 오가는 배가 운행됐다. 그 포구에 서니 멀리 서해대교가 한눈에 들어왔다. 소설에서처럼 파란 뺑끼칠을 한 똑딱이가 선체를 들까불며 들어올 듯하다. 갑판 위에서 손수건을 흔드는 흰 저고리에 검정 치마가 보일 때 동혁은 손을 높이 들고 흔들었을 것이다.

욕망에 맞서는 가장 강력한 무기

심훈이 '상록수'를 쓰게 된 직접적 계기가 된 것은 당시 신학교를 졸업하고 경기도 산골에서 농촌운동을 하다 과로로 숨진 최용신에 대한 신문 기사였다. '상록수'가 쓰일 무렵 이 나라의 농촌은 무지와 빈곤 속에 극도로 피폐해 있었다. 이러한 극한 상황 속에서 문맹 퇴치와 빈곤 타파에 목표를 둔 농촌계몽운동이 일어났다. '상록수'를 통해 작가는 농촌의 빈곤과 무지의 원인을 가진 자의 횡포와 없는 자의 고통으로 대립시켜 시대적·사회적 맥락에서 천착했다.

기독교정신으로 농촌계몽활동에 앞장섰던 상록수의 두 주인공은 상록수처럼 변치 않는 사랑과 믿음으로 나라와 민족 그리고 하나님을 위해 전 생애를 바쳤다. 채영신의 실제 인물 최용신은 경기도 반월 샘골 마을에서

상록수교회

소설에서 동혁이 영신을 기다렸던 한진포구

천곡학원 등을 세우며 농촌계몽운동을 한 인물이며 박동혁의 실제 인물 심재영은 심훈의 조카로 역시 농촌운동을 했다. 두 사람은 실제로는 전혀 알지 못하는 사이였다.

심훈은 경성농업학교를 졸업한 후 고향에 돌아와 '공동경작회'를 만들어 농사개량과 문맹퇴치운동을 벌이던 자신의 장조카 심재영을 박동혁으로, 최용신을 채영신으로, '공동경작회'를 '농우회'로 바꾸었으며, 그밖에 지명도 이름만 바꾸었을 뿐 실제 지역을 토대로 작가의 창조적 상상력을 결합해 한편의 작품을 완성했다.

필경사 인근엔 '심재영의 고택'이 있다. 심재영씨가 1930년에 짓고 1995년 별세할 때까지 평생을 산 한옥이다. 심훈은 1932년 이 고택으로 낙향해 1934년 필경사를 지어 이주할 때까지 이곳에서 '직녀성'과 '영원의 미소'를 집필했다. 심훈은 애국가 곡조를 붙인 '부곡리 애향가'(농민 애국가)를 만들어 보급했다. 이 노래는 부곡리 주민들에게 지금까지 전해지고 있다.

고택 안의 소나무 숲을 거닐었다. 숲 사이로 상록수교회가 보였다. 상록수교회는 1951년 9월 23일 필경사에서 첫 예배를 드림으로 교회의 기초를 세웠다. 그 후 21년간 필경사를 교회당으로 사용했고 2차 교회당을 거쳐 2001년 4월 16일 현재의 자리에 3차 교회당으로 신축 봉헌됐다. 심훈의 이모 윤병영 전도사가 초대와 제8대 담임교역자로 사역했다. 부곡교회로 설립되었으나 2007년 심훈의 농촌계몽운동을 신앙적 계몽운동으로 이어가려는 뜻을 담아 상록수교회로 개명했다.

상록수와 함께 운명을 다하다

심훈은 독실한 기독교 가정에서 3남 1녀의 막내로 자랐다. 서울에서 유

년 시절을 보낸 그는 경성제1고등보통학교 4학년에 재학 중 3·1만세운동에 적극 가담해 4개월간의 옥고를 치렀다. 출감 후 상하이로 이주, 항저우의 치장대학에 진학해 3년간 수학한 뒤 1923년 귀국했다. 이때부터 문필활동을 시작했다. 신극 연구단체인 극문회(劇文會)를 조직했고 이후 동아일보와 조선일보 기자로 일했다. 1927년엔 영화 '먼동이 틀 때'를 원작·감독해 개봉했다.

장편 '상록수'(1935)가 동아일보 창간 15주년 기념 현상소설로 당선, 작가로서 크게 부상되기 시작했다. 당선상금 500원 중 일부로 '상록학원'을 설립했으며 '상록수'의 영화화를 계획했으나 일제의 방해로 포기했다. 그는 '상록수'의 출판 교정을 보느라 한성도서 주식회사 2층에서 기거하다 장티푸스에 걸렸는데 대학 병원으로 옮겨진 후 급서했다. 서른여섯 살이었다. 상록수는 심훈의 마지막 작품이 됐다. 상록수처럼 늘 푸르고자 했던 그는 항일 민족문학의 영원한 청년이었다.

청빈과 무소유
그리고 자유와 평등

세찬 비바람에 꺾이지 않는 당당함과 역사의 억압에 굴하지 않는 푸른 절개. 그 어떤 역경 속에서도 변하지 않는 '상록수(常綠樹)' 정신은 기독교 정신과 맞닿아 있다.

심훈은 청빈과 무소유, 그리고 자유와 평등에 기반한 정신을 이기적 욕망에 맞설 수 있는 가장 강력한 무기로 여겼다. 그래서 '상록수'의 주인공 동혁의 입을 통해 기독교에 대한 분명한 신념을 말한다. "신념을 굳게 하기 위해서나 봉사의 정신을 갖기 위해서는 신앙생활을 하는 것도 좋겠지요. 그렇지만 자본주의에 아첨을 하는 그따위 타락한 종교는 믿고 싶지 않아요."

소설 속에서 영신은 시종일관 독실한 기독교신자로 그려지는 데 반해 동혁의 사상은 모호하게 처리된다. 이에 대해 박헌호 문학평론가는 "동혁의 말대로 자본주의에 아첨하는 기독교 세력으로부터 민족적이며 진보적인 기독교 세력을 분리하고 이들과의 제한적 연대 속에서 농촌 운동을 활

성화하려는 욕구가 투영된 것"이라고 말했다. 좀 더 진보적인 쪽과 연대함으로써 운동의 실리를 취하고자 했던 심훈의 의도가 기독교에 대한 동혁의 어정쩡한 태도 속에 녹아 있다고 보는 것이다.

영신은 기독교적 휴머니즘 정신에 따라 농촌계몽운동을 실천해 나갔다. 흔히 기독교적 휴머니즘이라고 하면 개량주의적 자세라고 비판하지만 그녀는 "아는 것이 힘, 배워야 산다"며 문맹퇴치를 주장하면서 동시에 "일하기 싫어하는 사람은 먹지 말라" "우리를 살릴 사람은 결국 우리뿐이다"에서 보듯이 난관을 극복하려는 자립적이며 적극적인 자세를 내보이고 이를 실천했다.

심훈은 헌신적인 농촌봉사 끝에 과로로 목숨을 바친 영신의 희생양적인 이미지를 부각했다. 예수의 사랑을 이론이 아닌 대지에 뿌리박은 꿋꿋한 상록수처럼 실제적인 현실과 결합 한 것이다.

4부

희망으로
닦는
구두는
닳지
않는다

"예수는 늘 밖에서
나를 보고 있다"

경남 통영 서호동의 99계단을 오르면 만날 수 있는 전망대 서포루. 통영 바다와 시가지가 한눈에 보이는 곳이다.

김춘수 시인/
경남 통영 유품전시관, 옛집터

"내가 그의 이름을 불러주기 전에는/ 그는 다만/ 하나의 몸짓에 지나지 않았다/ 내가 그의 이름을 불러주었을 때/ 그는 나에게로 와서/ 꽃이 되었다…"('꽃' 중에서)

'꽃의 시인' 김춘수(1922~2004)가 태어나 자란 경남 통영의 사계절은 바다로 와서 바다로 넘어간다. 한산도에서 여수로 이어지는 이른바 한려수도로 불리는 트인 바다가 아름답고 잔잔한 고장이다.

"내 고향은 경남 통영이다. … 봄에는 바닷물이 연두색이 되었다가 신록과 함께 짙은 초록으로 바뀐다. 한려수도를 건너서 불어오는 바람은 봄에는 진달래꽃 빛을 하고 느릅나무 어린 잎사귀를 흔들어준다."(수필 '향수' 중에서)

통영의 아름다움을 한눈에 바라볼 수 있는 서피랑의 99계단을 힘겹게 올랐다. 뒤돌아보니 오밀조밀하게 밀집한 주택들이 시야에 들어왔다. 바다의 체취를 듬뿍 담은 항구의 바람이 불어왔다. 시인은 이곳을 오르면서 몇 번이나 뒤돌아봤을까.

"어떤 늙은이가 내 뒤를 바짝 달라붙는다. 돌아보니 조막만한 다 으그러진 내 그림자다. 늦여름 지는 해가 혼신의 힘을 다해 뒤에서 받쳐주고 있다."('산보길' 전문)

시인의 어린 시절 추억들은 해안 소도시를 정경으로 한 작품 속에 꾸준히 등장해 시의 표정이 되고 소리가 됐다.

"바다가 왼종일/ 새앙쥐 같은 눈을 뜨고 있었다/ 이따금/ 바람은 한려수도에서 불어오고…날이 저물자/ 내 늑골과 늑골 사이/ 홈을 파고/ 거머리가 우는 소리를 나는 들었다/ 베고니아의/ 붉고 붉은 꽃잎이 지고 있었다"('처용단장 1부' 중에서)

교회 밖에 핀 예수꽃

관념을 배제한 '무의미의 시' 세계를 구축해온 시인의 작품 기저에 깔려 있는 '눈물과 슬픔' '비애' 등의 정서는 기독교 정서와 깊은 연관이 있다. 작품에 나타나는 기독교적 이미지는 주로 신이 아닌 '인간 예수'의 고뇌와 희생이 보편적인 이미지로 형상화돼 기독인이 아닌 시인들에게까지 영향을 미쳤다. 기독교와 관련된 시인의 시가 단순한 신앙심을 노래한 차원에 머물지 않고 그것을 예술적으로 승화시켰다고 평가받는다.

김춘수 유품 전시관 2층 내부

"김춘수 시인은 기독교인이 아니면서도 예수에 대한 깊은 관심을 가지고 있다. 그는 예수에 관하여 일반 기독교인보다도 더 심도 있고 밀착된 관찰을 하고 있다. 이러한 현상은 그가 쓴 수필과 시에 잘 나타나 있다. 그의 시전집을 보면 그는 80평생을 사는 동안 60여 년간 약 1000편의 시와 수백 편의 수필을 발표했다. 그중에 35편의 시와 17편의 수필이 예수와 관련된 것이다."(민영진의 '교회 밖에 핀 예수꽃' 중에서)

그는 예수에 관한 연작 수필 열두 편을 묶어 '내 속에 자리한 예수'라는 제목을 붙였다. 예수에 관한 수필이 몇 편 더 있다. 나를 스쳐간 그라는 세 편의 연작 수필 역시 그가 예수를 만난 사건을 고백적으로 쓴 것이다.

시인은 호주 선교사가 운영하는 미션 유치원에 다녔으며 독실한 침모(針母) 할머니를 따라 예배당에 더러 간 일이 있다. 충무교회 설립 및 호주 선교 100주년 기념탑은 이렇게 기록하고 있다. "교회는 진명여학교, 문화

경남 통영시 통새미길 김춘수 시인의 생가. 현재 다른 이가 살고 있다.

유치원, 보건진료소를 설립…선교사들의 신앙훈련과 근대교육을 통해 종교 정치 경제 문화계에 걸출한 인물들을 다수 배출하였는데, 그중에는 유치환 박경리 김춘수 김상옥 윤이상 공덕귀 여사 등이 있다.”

그는 유년시절 성탄절 때 교회에서 아기 천사의 그림을 보고 “그 아이가 예수다”라는 소리의 울림을 들었다.(수필 ‘나를 스쳐간 그 1’) 이때 감상을 ‘천사’란 시에 고스란히 옮겨 놓았다.

“그것은 처음에 한 줄기의 빛이었다/ 느릅나무 가지에 앉더니/ 수천수만의 빛줄기로 흩어지면서/ 멀리 한려수도로까지 뻗어가고 말았다/ 그 뒤로 내 눈에는 아지랑이가 끼이고/ 내 귀는 자주 자주 봄 바다가/ 기슭을 치는 소리를 듣게 되었다”(‘천사’ 전문)

이후 시인은 자신을 바라보는 예수의 시선을 항상 느꼈다고 말한다.

“예수는 늘 밖에서 나를 보고 있다고 말한다. 그리고 그것은 자신에게 던져지는 하나의 시선이며 누가 역사와 양심을 말할 때 그 시선이 나타나기도 한다.”(수필 ‘나를 스쳐간 그 2’ 중에서)

시인이 세 번째 예수를 만난 것은 일본 유학시절 일본 천황과 총독을 비판하다가 선동 학생으로 몰려 헌병대 감방에서 취조를 받을 때였다. 그는 고문이 무서워 거짓 자백을 했을 때 십자가에서 고통을 끝까지 감당한 예수를 만났다고 수필에서 밝혔다.

“이럴 때(고문에 못 이겨 거짓 자백을 했을 때) 우리는 예수가 하나의 차원을 상징하고 있다는 것을 절실히 느끼게 된다. 예수가 왜 그리스도가 되었는가를 알게 되고, 왜 되지 않으면 안 되었는가도 알게 된다. … 이런 패배적 처지를 실감하게 될 때 예수는 나를 스쳐 가고 있었던 것이다. 당신만이 그것을 할 수 있었다고."(수필 '나를 스쳐간 그 3' 중에서)

나의 하나님은 연둣빛 바람

"사랑하는 나의 하나님, 당신은/ 늙은 비애다/ 푸줏간에 걸린 커다란 살점이다/ 시인 릴케가 만난/ 슬라브 여인의 마음속에 갈앉은/ 놋쇠 항아리다/ 손바닥에 못을 박아 죽일 수도 없고 또 죽지도 않는/ 사랑하는 나의 하나님, 당신은 또/ 대낮에도 옷을 벗는 어리디어린/ 순결이다/ 삼월에/ 젊은 느릅나무 잎새에서 이는/ 연둣빛 바람이다"('나의 하나님' 전문)

김춘수의 '나의 하나님'은 현대시론 강의에서 은유의 예를 제시할 때 많이 인용되는 시 중 하나이다. '늙은 비애'라고 표현되는 하나님의 슬픔은 장구한 세월 속에 누적된 슬픔일 것이다. '푸줏간에 걸린 커다란 살점'인 하나님은 자기 살을 아깝지 않게 분배해 희생을 불사하는 하나님이며, 놋쇠 항아리처럼 속이 깊은 인내로 기다리는 분이다. 찔림과 상함과 온갖 멸시, 손바닥에 못을 박아도 죽지 않은, 옷을 벗겨 조롱해도 오히려 순결한 사랑을 하는 하나님이다. 오직 하나의 희망인 하나님이다.

시인은 만석꾼의 집에서 태어나 유복한 어린 시절과 청년기를 보냈다. 경남 통영시 통새미길 373-2에 생가 표지석이 있다. 현재 다른 이가 살고 있는 생가 철문을 살며시 열고 들어가니 고요한 마당이다.

그는 1939년 경기공립중학교를 자퇴하고 일본으로 건너가 1940년 니혼대학(日本大學) 예술학과에 입학했다. 그러나 졸업은 못했다. 1942년

경남 통영 서호동 서피랑 마을의 명소 99계단. 이 계단 끝에서 항구쪽을 바라보면 오밀조밀하게 주택들이 시야에 들어온다.

일본 천황과 총독을 비판하다 경찰에 붙잡혀 퇴학조치를 당하고 요코하마와 도쿄의 유치장에서 7개월을 보내야 했다. 이 경험이 관념을 배제한 시들을 쓰는 데 결정적인 동기가 됐다. 이후 통영중학교와 마산중학교 교사, 경북대학교와 영남대학교 국어국문학과 교수로 재직했다. 1981년 제11대 전국구 국회의원 및 대한민국예술원 회원에 선출됐다. 한국시인협회상과 자유문학상·대한민국문학상·대한민국예술원상·문화훈장(은관) 등을 수상했다.

나는 왜 시인인가?

김춘수 유품전시관은 통영시가지와 통영항이 한눈에 내려다보이는 봉평동에 있다. 통영시가 2008년 옛 한려해상국립공원 동부사무소 건물을 리모델링해 개관했다. 유품 전시관에는 육필원고 126점과 서예작품, 생전에 사용하던 가구와 옷가지 등 유품이 전시돼 있다. 특히 전시관 한쪽엔 생

경남 통영시 충무교회 전경.

전에 기거하던 비슷한 형태로 김춘수 방을 꾸몄고 나머지 공간에는 옷가지와 책, 평소 쓰던 소지품 사진 등을 전시해 시인의 숨결을 느낄 수 있다. 육필원고와 지우고 또 지우면서 쓴 습작노트에서 시인의 고뇌와 숨결이 느껴졌다.

김 시인은 1946년 광복 1주년 기념 시화집 '날개'에 시 '애가'를 발표했으며, 대구 지방에서 발행된 동인지 '죽순'에 시 '온실' 외 1편을 발표했다. 1948년에 첫 시집 '구름과 장미'를 내며 문단에 등단한 이후 '산악' '사' '기(旗)' '모나리자에게'를 발표해 주목을 받았다.

1950년대 당대 시인들이 서구 모더니즘에 경도되던 그 시절에 그는 주저 없이 릴케 류의 상징주의 시 정신을 받아들여 우리 문단의 협소함을 극복하고자 했다.

그는 수필 '왜 나는 시인인가'에서 존재하는 것의 슬픔을 깊이 느끼고 이해하려고 노력하기 때문에 나는 시인이라고 답한다. "사람으로 태어난 슬픔을 아름다움으로 승화시켜야 한다고 깊이깊이 느끼고 생각하기 때문에 나는 시인이다. 그러나 나는 아직도 이 점에 있어서 많이 부족하다. 그것을 솔직히 남 앞에 털어놓을 수 있기 때문에 나는 시인이다."

기념관을 빠져 나올 때 교회 밖 시인이 교회 안 그리스도인들에게 전하는 메시지가 방문객을 배웅했다.

"시편의 남은 구절은 너희가 잇고/ 술에 마약을 풀어/ 아픔을 어둠으로 흘리지 마라/ 살을 찢고 뼈를 부수어/ 너희가 낸 길을 너희가 가라/ 맨발로 가라, 찔리며 가라"(시 '못' 중에서)

하나님의 말씀이 평생 내 마음을 우볐다

"구름 위 땅 위에/ 하나님의 말씀/ 이제는 피도 낯설고 모래가 되어/ 한 줌 한줌 무너지고 있다/ 밖에는 봄비가 내리고/ 남천이 젖고 있다/ 남천은 머지않아 하얀꽃을 달고/ 하나님의 말씀 머나먼 말씀/ 살을 우비리라/ 다시 또 우비리라"(시 '땅위에')

시인 김춘수는 교회 밖에서 거주하는 사람이었지만 교회 안에 상주하는 사람 이상으로 기독교적인 사색과 고뇌를 했다. 시인은 하나님의 말씀이 평생 자신의 마음을 우볐다고 말했다.

"땅 위에'라는 시에서 나는 그 두려움과 그 아픔을 드러내 보려고 했다. 그 두려움과 그 아픔을 견뎌낸 사람의 말씀은 또한 한없이 두렵고, 간혹은 아픔으로 다가온다. 가슴을 우빈다…하나님-예수의 말씀을 늘 저버리고 있으면서 간혹은 그 말씀들이 몸의 어딘가를 우비기도 한다. 그때 나는 또 예수의 손바닥에 박힌 못이 생각나서 몸서리가 쳐진다. 나는 도저히 그것을 감당하지 못할 것이라고-그런데 어느 날 그(예수)가 왜 나를 스쳐 갔을까?'(수필 '못' 중에서)

죽어서도 가난한자를 찾아 위로하는 예수를 그린 그의 시는 우리들의 가슴을 우빈다.

"너무 달아서 흰빛이 된/ 해가 지고, 이따금 생각난 듯/ 골고다 언덕에는 굵은 빗방울이/ 잿빛이 된 사토(砂土)를 적시고 있었다/ 예수는 죽어서 밤에/ 한 사내를 찾아가고 있었다/ 예루살렘에서 제일 가난한 사내/ 유월절에 쑥을 파는 사내/ 요보라를 그가 잠든/ 겟세마네 뒤쪽/ 올리브 숲 속으로, 못 박혔던 발을 절며/ 찾아가고 있었다/ …안심하라고,"(시 '요보라의 쑥' 전문)

예수가 못 박혔던 발을 절며 빈자의 상징인 요보라를 제일 먼저 찾아간 이유는 '안심하라, 쑥은 없어지지 않을 것'이란 말을 해주기 위해서였다.

마침내 하나님을
하나님으로 모시다

서울 홍익동 김동인의 옛집.

소설가 김동인/
서울 옛집과 어린이대공원 동상

파지 한 장 없다. 쓸 분량만큼 원고지를 미리 책으로 만들어 쪽수까지 매긴 후에 수정을 하지 않고 단번에 써 내려갔다. 글을 얼마나 빨리 썼는지 신문에 2회분씩 쓰는 것도 30분 이내로 썼다. 글을 쓸 적에 원고지 넘기는 소리가 마치 글을 읽을 때 책장 넘기 듯했다. 그는 천재 작가였을까. 한국의 명(名)단편으로 꼽히는 '감자' '배따라기' '발가락이 닮았다'의 작가 김동인(1900~1951)은 그렇게 소설을 일필휘지(一筆揮之)했다. 이광수 염상섭 현진건 등과 함께 한국 근대문학 개척기에 활약한 중요한 작가다. 1919년 2월 그가 주도해 발간한 한국 최초의 문예 동인지 '창조'는 한국 근대문학사의 새 장을 연 것으로 평가받고 있다.

김동인은 평안남도 평양의 토착 부호이며 장로인 김대윤의 차남으로 출생했다. 김동인이 기독교 진리와 상반되는 예술지상주의 또는 사실주의 계열 작품을 많이 썼지만, 상당수 작품에는 성경구절을 인용했고 기독교 윤리를 소재로 삼았다. 대표적인 작품이 바로 '이 잔을' '명문' '신앙으로' '순교자' 등이다.

능소화 만발한 작가의 옛집

그가 생의 마지막을 보낸 서울 성동구 홍익동 집의 능소화 덩굴이 아름
드리 늘어져 있는 철대문 문패엔 작가의 차남 김광명 한양대 의대 명예교
수의 이름이 쓰여 있다. 원래 이 집은 전형적인 일본식 가옥이었으나 1983
년 3층 양옥집으로 개축해 예전 모습을 찾을 수 없다. 김 교수는 은퇴 후 경
기도 양평에 거주하고 있으며 현재 그의 아들 내외가 살고 있다. 오랜 시간
이 주택을 지켜온 마당의 작은 연못과 감나무를 바라보며 70여 년 전 이곳
에서 사색을 즐겼을 작가의 모습을 떠올려봤다.

"아버지는 정원 가꾸기를 좋아해서 직접 전지가위를 들고 가지치기를
하셨다. 또 아버지는 불면증이 심했는데 대개 밤에 원고를 쓰다 보니 아침
에 일어나 요비링으로 부르기 전에 방에 가선 안 되었다. 아버지는 아침을
늦게 드셨고 매일 외출을 하셨지만 일찍 집에 돌아오셨다. 집에 찾아오는
손님도 별로 없었으며 일은 대개 전화로 짧게 해결하셨다."(김광명 '나의
아버지 김동인을 말한다' 중)

작가는 자신만의 독특한 철학과 세계관을 구현하기 위해 생소한 창작
방법론을 시도했다. 개신교 장로가 부친인 가정과 주일학교, 미션계 초·
중·고교에서 배운 대로 그는 여호와 하나님의 존재를 인정했다. 그러나
하나님이 지어 놓은 세계보다 더 자기다운 세계를 짓기 위해 예술을 한다
고 말했다. 어찌 보면 자신을 하나님보다 더 나은 위치에 두려는 낯선 구상
을 했다.

"하나님이 지은 세계에 만족하지 아니하고, 어떤 불완전한 세계이든 간에 자기의 정력과 힘으로써 지어 놓은 뒤에야 처음으로 만족하는 인생의 위대한 창조성에서 말미암아 예술이 생겨났다."(김동인 '자기의 창조한 세계' 중)

김동인과 김경애의 결혼식 사진

죄의식 부재의 생소성

1925년에 발표한 단편소설 '명문'은 전통 윤리와 기독교 윤리의 대립, 아버지와 아들의 대립이 스토리의 골격이다. 작가는 독실한 크리스천인 '전 주사'란 인물을 통해 기독교인의 이중적 태도를 비판했다. 전 주사는 왜곡된 기독교적 신념을 갖고 있는 인물로 선행하는 마음만 있으면 무엇이든 정당화된다고 믿는다. 자신의 만족을 위해 아버지의 이름으로 기부하는 것을 선행이라 여기고, 치매로 고통 받는 어머니를 편하게 해준다는 생각으로 죽게 만들고도 죄의식이 없다. 작가는 기독교적 신념에 따라 살고 싶거든 목적과 수단이 모두 정당한 방법을 따르며 살라고 말한다. 구원은 행위가 아닌 은혜로 받을 수 있다는 것을 강조했다.

1923년 발표한 단편 '이 잔을'에서는 예수님이 예루살렘에서 겪는 삶과 죽음의 고비가 중심 이야기다. 작품에는 제자들의 '잠'과 '깨임'의 되풀이는 암시적 의미가 깃들여 있다. 잠들어 있는 민중을 '깨임'으로 이끌기 위한 예수의 결단은 횃불을 들고 어둠 속에서 음모하고 예수를 죽이려고 뒤따르는 제사장들의 행동에 의해 더욱 선명해진다.

　1932년 발표한 서간체 소설 '순교자'는 또 다른 면모를 보여준다. 토머스 선교사가 순교한 과정을 그린 이 소설은 그의 신앙고백이라고 평가받기도 한다. 문학평론가 진병도씨는 논문 '명문과 신들의 미소에 비친 기독교 사상'에서 이렇게 밝혔다. "하나님을 인정하지만 하나님이 창조하신 세계에 만족하지 못하고 자신만의 세계를 창조하기 위해 걸작들을 창작했다. 그러나 '순교자'를 1932년에 동아일보에 발표한 시기를 전후해 그는 야담 작가가 되고 말았다. 그것은 순교자 속에 자신이 창작의 기조로 삼는다고 선언한 '자기의 창조한 세계'를 버리는, 즉 하나님보다 높은 위치에서 내려오기로 작정한 일대 개혁을 숨겨 두었기 때문이다. 하나님께 저항했기에 걸작이 쓰였으나 하나님을 하나님으로 모시기로 작정을 하자 그의 창작력은 훨씬 수그러들었다고 볼 수 있다."

　김동인의 말년은 불우했다. 아들 김광명 교수의 증언에 의하면 1949년 중풍으로 쓰러진 김동인은 이듬해 6·25전쟁이 터진 뒤 도저히 한강을 건너 피란을 갈 수 없었다. 그해 말 연합군의 퇴각설에 부인(김경애)은 아이들부터 한강 건너로 피란시킨 뒤 남편을 돌보러 다시 돌아오기로 했다. 하지만 1951년 1월 3일 집을 떠난 부인은 8월에야 가까스로 돌아올 수 있었다. 그런데 집 안에 환자는 보이지 않았다. 집에서 20m 정도 떨어진 밭고랑에서 잠옷을 입은 작가의 시신을 발견할 수 있었다. 부인이 2008년 97살로 눈을 감을 때까지 함구했던 슬픈 이야기이다.

　김동인은 일생에 걸쳐 장편 15편 이상과 단편 75편 이상을 발표했다. 작품 속에서 낭만주의 자연주의 탐미주의 사실주의 같은 다양한 경향을 시도했다. 그의 문학을 기념하는 문학비와 동상이 옛집에서 멀지 않은 서울 능동 어린이대공원 야외음악당 앞에 세워져 있다.

사랑과 미움은 美다

"나는 선과 미, 이 상반된 양자 사이에 합치점을 발견하려 하였다. 나는 온갖 것을 '미'의 아래 잡아넣으려 하였다. 나의 욕구는 모두 다 미다. 미는 미다. 미의 반대의 것도 미다. 사랑도 미나 미움 또한 미다. 선도 미인 동시에 악도 또한 미다."(김동인 '한국 근대소설고' 중)

김동인의 소설 대부분은 형식에 담기 어려울 정도로 비극적이고 운명적인 이야기를 제재로 삼고 있다. 자살 살인 이상심리 범죄행위 등이 번번이 등장한다. 극단적인 상황 혹은 비극적 운명에 빠진 인물들을 줄거리 위주로 냉정하게 서술한다. 작품 속 등장인물은 자신의 의지에 따르기보다 운명과 환경에 지배를 당하는 경향이 짙다.

그는 소설을 인간성의 비밀을 탐구하고 규명하는 '실험 보고서'로 파악하려는 특유의 시선을 가지고 있었다. 실험 정신의 소산이다. 시대정신이나 사회적 현실이라는 각도에서 인간을 보는 게 아니라 심리적 각도에서 인간을 관찰하고 있음을 의미한다. 인간 행위의 근본적 동기를 파악하는 데 많은 관심을 기울였다.

김동인은 기독교 계율에 대한 이중적 태도를 비판했고, 인간이 만들어낸 자기 합리화, 즉 스스로를 기만하면서 자신을 구원하고자 했던 인간심리를 탐구했다. 특히 기독교에 대한 충분한 이해도 없이 맹목적으로 신봉하는 사람들에 대한 비판적인 태도를 가졌다.

"내 주님이라면
예수님밖에 더 있나요"

서울시 도봉구 도봉로 123길
함석헌기념관

함석헌 시인/
서울 쌍문동 함석헌 기념관

"만릿길 나서는 길/ 처자를 내맡기고/ 맘 놓고 갈 만한 사람/ 그 사람을
그대는 가졌는가/ 온 세상이 다 나를 버려/ 마음이 외로울 때도/ '저 맘이야'
하고 믿어지는/ 그 사람을 그대는 가졌는가…"(함석헌의 '그 사람을 가졌
는가' 중에서)

　　시인의 눈에는 시인으로, 교육자의 눈에는 교육자로, 사상가의 눈에는
사상가로, 언론인의 눈에는 언론인으로, 역사가의 눈에는 역사가로 보였
던 함석헌(1901~1989)은 일평생 종교적 믿음과 사회적 실천의 일치를 추
구한 인물이다.
　　'시인 함석헌'으로 알려진 것은 1953년 시집 '수평선 너머'를 내면서부터
였다. 그러나 그는 시집의 머리말에 자신은 시인이 아니라며 마흔다섯이
되도록 시라고는 써본 일이 없다고 했다. 그러면서 쓴 시들은 '님 앞에다'
바치기 위해서 자기의 마음에 칼질을 한 것뿐이라고 했다.

함석헌의 시문학은 '세상사람 함석헌'과 '크리스천 함석헌' 사이에 놓인 시대적 암울함, 사회적 방황, 인간적 고뇌, 종교적 시련과 갈등, 하나님 영접에 이르기까지의 상황을 극적으로 보여준다.

전업 문학인의 길을 택하지 않았을지라도 실제적으로 그는 시를 쓰고 시집을 펴냈으며 주옥같은 산문에 방대한 저술을 이룩해냈다. 남들에게 문학인으로 인정받는 것에는 전혀 관심을 두지 않았지만 스스로가 시인이었다. 그의 문필업 전체가 실은 시인의 언어와 문장으로 작성된 것이다.

시는 사상세계의 출구

함석헌이 시를 처음 쓰기 시작한 것은 1945년 '신의주 학생의거' 주범으로 몰려 옥중에 있을 때였다.

"그때 눈물 사이사이에 나오는 생각을 간수병의 눈을 피해가며 부자유한 지필로 적자니 부득이 시가의 형식을 취하게 됐다. 이것이 난 후 처음 시란 것을 쓴 것이다."('수평선 너머' 머리말 중에서)

그는 50일 동안 신의주 감옥에 갇혀 있을 때 썼던 옥중 시 300여 편을 모아 '쉰 날'이라는 제목의 육필 시집을 꾸몄는데, 월남하면서 대부분 유실됐다. 그의 시 중에 현대인들이 가장 많이 애송하는 '그 사람을 가졌는가'는 온 존재를 껴안는 절대적 존재로서 '그 사람'에 대한 강렬한 호명(呼名)을 토한다. 이 시에서 '그 사람'이란 선지자이자 의인이고 인자(仁者), '그대'라는 2인칭은 그냥 속인(俗人)이고 평범한 생활인이다. 시의 화자(話者)인 1인칭은 3인칭의 인자와 2인칭의 속인을 대비해가며 '가졌는가' 라고 묻는다. 질문 자체가 추궁이고 다짐이다.

다탁 위에 함석헌 선생이 읽던 성
경책과 노트, 안경 등이 놓여있다.

　함석헌은 자신의 시문학을 일구기는 했어도 그것은 문단의 문학인이
되기 위해서가 아니었다. 창작 시편들은 함석헌의 사상세계로 들어가는
입구가 된다. 그의 생애는 시인-종교인-사상가의 각 단계를 험난하게 전개
했다. 신앙을 쌓고 사상의 터전을 마련했다.

　평북 용천의 기독교 집안에서 태어난 함석헌은 1921년 오산학교에 진
학한 뒤 남강 이승훈으로부터 투철한 민족주의 정신을, 다석 유영모로부
터 기독교 사상과 노자 장자를 비롯한 동양사상을 전수받았다. 일본 유학
중 무교회운동의 창시자 우치무라 간조의 성서연구집회에 참석, 사상의
폭을 넓혔다.

　그는 무엇보다 성경을 사랑했다. 6·25전쟁 당시 부산 피란길에서도 매
주 성경공부 모임을 인도할 정도였다. 1956년 이후 '사상계'에 '한국 기독교

함석헌기념관 전시실 내부 전경

는 무엇을 하고 있는가' '생각하는 백성이라야 산다' 등의 글로 이승만 박정
희 정권을 통렬히 비판해 투옥됐다. 1970년 '씨알의 소리'를 발간해 민중계
몽운동을 전개했으며, 반독재 민주화 운동에 앞장섰다. 저서에 '뜻으로 본
한국 역사'를 비롯해 신앙 시집 '수평선 너머'가 있다.

함석헌이 1983년부터 1989년 여생을 보낸 서울 도봉구 도봉로 123길 자
택을 찾았다. 이곳은 2015년 함석헌 기념관으로 리모델링해 개관된 뒤, 서
울미래유산으로 등재됐다. 그는 이곳에 거주할 당시 '서울 올림픽 평화대
회' 위원장으로 서울 평화선언을 제창했고 1980년 계엄 당국에 의해 폐간
됐던 '씨알의 소리'를 복간하는 등 왕성한 활동을 했다. 그의 시 '그대는 웃
으려나'가 방문객을 제일 먼저 반긴다. 마당과 온실엔 그가 평소 가꾸던 보
리수, 사철나무, 백동백나무, 선인장이 그대로 있다. 도서를 열람하고 쉴
수 있는 커뮤니티 공간, 게스트하우스, 갤러리가 지역주민과 방문자를 위

해 열려 있다.

기념관 입구엔 2006년 대전 현충원으로 그의 묘를 이장하기 전, 경기도 연천군 전곡면 간파리에 있던 묘비석이 놓여 있다. '나는 빈들에 외치는 소리'의 한 구절이 적혀 있다.

"나는 빈들에 외치는 사나운 소리/ 살갗 찢는 아픈 소리 / 나와 어울려 부르는 너희 기도 품고/ 무한으로 갔다 내 다시 돌아오는 때면/ 그때는 이나 소리도 없이/ 고요한 빛으로 오리라."

1950년대의 절망적인 사회상에서 '한국의 모세'가 돼야 했던 그의 각오와 결의가 비장하게 느껴진다.

"예수님밖에 더 있나요"

기념관 1층은 유품이 전시된 전시실과 그의 발자취를 볼 수 있는 영상실, 안방을 재현한 공간 등으로 구성돼 있다. 안방 탁자 위엔 오랫동안 사용했던 성경책, 촘촘하게 메모가 돼 있는 노트와 안경, 찻잔 세트, 문방사우 등이 가지런히 놓여 있다.

어떤 이는 함석헌을 기독교인이 아니라 종교 사상가라고 말한다. 함석헌의 종교적 보편주의에 입각한 기독교관은 보수적인 색채가 짙은 한국 기독교의 입장과 충돌하는 것이 사실이다. 그러나 함석헌은 예수의 정신을 본받아 사회 정의나 이타주의에 입각한 삶을 산 기독교인이다. 함석헌은 1988년 미수(米壽)를 맞아 생일상을 받은 자리에서 '내 주님이라면 예수님밖에 더 있나요'라며 공개적으로 기독교인임을 밝혔다.

그는 이미 1953년 '대 선언'이란 시를 통해 "나는 더 이상 무교회에 머무를 수 없다. 우치무라 간조의 하나님이 아니라 내 하나님을 찾아야 한다"며 신앙적 변화를 추구했다. 1961년 이후 한국 내 퀘이커 모임에 참석하면서 침묵의 중요성, 신앙의 공동체성 등을 새롭게 이해했다.

"예수의 주요 관심사는 그가 속한 역사적 상황 속에서 영적으로 도덕적으로 가치 있는 삶을 살고 죽은 것이었다. 함석헌 역시 예수의 정신을 본받고 그 정신대로 살다 가고자 했다 … 굳이 함석헌 이름 앞에 수식어를 붙이자면 그는 퀘이커 교도이며 기독교 사상가이다."(김성수의 '함석헌 평전' 중에서)

함석헌처럼 생각하기

죽을 때까지 이 걸음으로

"주님 찾아 헤매는 이 벌판이 거칠어/ 내 벗은 발 상하여 자국마다 피 오니/ 주여 어서 오셔서 내 손 잡아주시고/ 넘어지는 이 나를 일으켜주옵소서/ 주님 찾아 헤매는 이 세상 사나워/ 내 약한 맘 부치어 숨결마다 꺼지니/ 주여 어서 오셔서 내 손 잡아주시고/ 넘어지는 이 나를 일으켜주옵소서….'('주님 찾아' 중에서)

함석헌은 일생을 하나님의 발길에 채여 다녔다고 고백했다. 언제부터

인가 하나님의 발길이 자연스럽게 자신의 일부가 됐고, 자신이 스스로 하나님의 발길에 맞춰 다니게 됐다는 의미일 게다. 그는 시에서 그리스도와 인격적으로 하나 되는 경험을 고백했다.

"몰랐네/ 뭐 모른지도 모른/ 내 가슴에 대드는 계심이었네… 그득 찬 빛에 녹아버렸네/ 텅 비인 빈탕에 맘대로 노나니/ 거룩한 아버지와 하나 됨이었네"('하나님' 중에서)

"아침 들판 건너오는/ 구슬같이 맑은 말씀/ '네 샘을 맑혀라'/ 해 떨어지는 수심하는 천지에/ 초막마다 켜지는 등불/ '네 속의 빛을 밝혀라'."('가을의 말씀' 중에서)

또 그는 1952년 가까운 친지들이 함께한 성탄절 모임에서 장편 시 '흰 손'을 읽으며 자신의 신앙고백이라고 했다. '흰 손'은 죄를 대속하는 십자가를 믿는 것에 끝나는 것이 아니라 인격의 자주성을 살리기 위해 자신이 직접 십자가를 져야 한다는 내용이다.

"오후에 온실에서 넘어지다. 함석헌 부고 받다." 그의 부고가 알려지기 딱 7개월 전 그가 책상머리에 남긴 일기의 한 토막이다. 그는 1989년 2월 4일 새벽, 그가 꿈꾸던 '영원한 나라'에 '생명의 열매'로 떨어졌다.

생명 살리는 놋뱀,
그 해독의 뱀은 어디에 있는가

전북 군산이 고향인 백도기 작가에게 '성곽의 도시' 수
원은 제2의 고향이다. 사진은 수원 화성의 4대문 중
서쪽 대문인 화서문.

소설가 백도기/
직접 세우고 목회한 수원 한민교회

"비명과 절규와 신음과 통곡이 우주 가득히 피어오르고 불뱀에 물려 썩
어진 상처들에서 흐르는 썩은 피의 강이 악취를 풍기면서 연기처럼 하늘
로 솟구쳐 오르고 있었다. 구리 뱀은 어디 있는가. 청동의 뱀은 어디 있는
가. 그 해독의 뱀은 어디 있는가. 그들은 몸부림치며 울부짖고 있었다.…드
디어 나는 못 볼 것을 보고 말았다. 다리가 썩은 채 마치 뿌리 없는 나무처
럼 비틀거리고 있는 나의 모습을 나는 그들 속에서 분명히 보았던 것이다.
가장 절망적인 상처를 입은 채 미친 듯이 허덕거리고 있는 나를…."

　한국기독교문학에서 주목받는 작품 중 하나인 백도기(1939~)의 대표작
'청동의 뱀'에 수록된 마지막 문단이다. "청동의 뱀은 어디 있는가. 그 해독
의 뱀은 어디 있는가"란 절규는 세상 어디에도 구원에 이르는 길은 없으며,
그것은 오직 절대자에게 찾아야 한다는 인식을 보여준다.
　그 해독의 뱀은 구약성경 민수기에 나오는 청동의 뱀을 가리킨다. "여

요르단 느보산의 모세기념교회 정원에 세워진 '모세의 지팡이'. 이탈리아 조각가 지오반니 판토니의 작품이다.

호와께서 모세에게 이르시되 불뱀을 만들어 장대 위에 매달라. 물린 자마다 그것을 보면 살리라. 모세가 놋뱀을 만들어 장대 위에 다니 뱀에 물린 자마다 놋뱀을 쳐다본즉 살더라."(민 21:8~9) 이스라엘 백성들이 쳐다보고 생명을 찾은 놋뱀은 바로 잃어버린 믿음의 회복이라고 할 수 있다.

백도기는 비판적 자기성찰을 통해 양심을 찾아가는 '신앙적 주체 인식'을 탐구해 온 작가다. 그는 한국 현대사가 지닌 아픈 상처 속에서 작가로서, 목회자로서 권력과 책임에 대한 고민이 그 누구보다 깊었다. 1969년 단편 '어떤 행렬'이 서울신문 신춘문예에 당선된 후 단편 '청동의 뱀', 장편 '가룟 유다에 대한 증언', 중편 '바벨의 소리' '가시떨기나무' '우리들의 불꽃' '불타는 제물' 등을 발표했다. 장편 '등잔'은 '제1회 한국기독교문학상', '우리들의 불꽃' '책상과 돼지'는 '이상문학상 우수상'을 수상했다.

작가가 1972년부터 정착해 살고 있는 성곽의 도시 경기도 수원을 찾았다. 전북 군산에서 태어난 그에게 수원은 제2의 고향이다. 그는 이곳에서 목회와 집필에 몰두했다. 지금은 없어졌지만 작가가 수원 팔달문 인근에 오픈한 카페 '등잔'은 1970년대 당시 예술인들의 사랑방이었다. 차를 마시며 클래식 음악을 즐길 수 있던 문화 명소로 많은 이들이 기억한다.

그가 1982년에 설립해 26년간 목회했던 한민교회는 수원 화성 한복판에 있었다. 화성행궁 옆에 있는 신풍초등학교를 지나 골목 안으로 들어가면 한민교회를 만날 수 있다. 예배당은 아담한 3층 건물이다. 온통 담쟁이가 둘러싸고 있어 사계절이 아름다운 곳이다. 한민교회는 골목해설사와 함께 떠나는 행궁동 '왕의 골목여행' 1코스에 들어 있다.

교회가 있는 골목길을 걸으며 현실의 문제와 권력의 속성에 대한 관심의 끈을 놓지 않았던 작가의 대표작 청동뱀의 줄거리를 떠올렸다.

'청동의 뱀'은 구원의 상징

1974년 발표한 청동의 뱀은 위선과 악덕으로 가득 찬 한 가정의 문제에 휘말려 우유부단하게 처신하는 한 목회자의 모습을 그린 작품이다. 목사라는 특수한 신분을 통해 우리 모두의 삶, 그 삶을 괴롭히는 이 세계의 진상을 폭넓게 진술한다.

아버지에게 칼을 품고 사업자금을 대라고 협박하는 장남, 형의 자가용을 담보로 자금 지원을 강요하는 차남, 돈을 대주지 않는다고 아들 회사의 수위실에서 라면으로 끼니를 이으며 위협하는 아버지, 남편이 밖에서 낳아온 아들을 복수심 때문에 키우는 어머니, 부모가 애인과의 결혼을 반대한 것 때문에 광증을 일으키는 서자 삼남, 시동생이 사탄이라고 저주하며 기도하는 형수 등 탐욕의 세계에 물든 이들이 구원받을 수 있는 방법은 어디에 있느냐고 묻는다.

청동의 뱀은 내가 눈을 들어 바라보기만 하면 살 수 있는 구원의 상징이다. 단지 바라보기만 하면 불뱀의 상처에서 완전하게 치유될 수 있다. 타락해 죽을 수밖에 없는 죄인을 치유할 수 있는 길은 하나님의 은혜의 선물인 십자가를 바라보기만 하면 되는 것이다.

첫 부임지에서 만난 윤치병 목사

"신학교를 갓 졸업한 한 젊은 전도사 '나'는 시골 작은 교회의 청빙을 받기 전 교회 상황을 알아보려고 방문했다가 너무 열악한 교회 현실을 만난다. 정신장애를 가진 아들과 함께 살며 한평생 교회를 섬겨온 늙은 목사를 보고선 그냥 서울로 돌아오려고 했다. 그러나 목사의 아들이 마침 내가 타려던 버스에 치여 죽는다. 목사가 아들의 시체를 업고 가는 모습이 꼭 십자

백도기 목사가 개척한 수원시 팔달구 한민교회

가를 등에 지고 가는 걸 연상케 한다. 운전사와 교인들이 달려들어 그 목사에게 시체를 대신 메고 가겠다고 졸랐으나 그는 듣지 않는다. 나는 견딜 수 없어 그의 앞에 나가 손을 벌린다. 그때 목사는 나에게 아들의 시체를 맡긴다. 나는 왜 하필 나에게만 아들의 시체를 맡기는가에 대한 해답을 마음속으로 발견한다. 떠나지 않으리라 결심한다."

작가의 등단작 '어떤 행렬'의 줄거리다. 작품 속 노 목사는 그의 첫 부임지 금마복음교회에서 만난 윤치병 목사다. 작가의 소설엔 고통이 편재해 있다. 그는 어떤 행렬에서 자신의 문학적 테마의 원형인 고통의 의미를 직접적으로 드러낸다. 노목사가 아들의 시체를 업고 갈 때 젊은 목사가 '십자가다' '저건 십자가다'라고 외치는 데서 우리는 타인의 고통에 전율한다.

"나는 두려움 없이 피투성이의 사내를 들쳐 메었다. 목사가 내게 보여준 감사와 신뢰가 내게 용기를 준 것 같았다. 야위고 메마른 사내의 몸은 과히 무겁지 않았다. 나는 생각했다. 목사를 혼자 내버려두고 가는 일은 이미 불가능하다고. 그가 아들의 시체를 내게만 안겨준 의미를 나는 알 것 같았다. 내게만 그는 자신의 고통을 감추려 하지 않았던 것이다. 우리가 똑같이 고통을 겪고 있는 인간이라는 점에서, 아니 그보다도 그 고통을 극기해야 할 숙명을 지녔다는 점에서 그와 나는 숙명적인 기반으로 서로 얽혀져 있는 것 같은 느낌이 들었다. 나는 눈을 들었다. 길 위쪽에 목사관이 보이고 그 뒤로 경사가 가파르지 않은 동산이 보였다. 이런 추위에도 불구하고 햇살 때문일까. 눈 녹은 자국마다 녹색의 풀빛이 드리워져 있었다. 나는 문득 목초원지를 연상했다."('어떤 행렬' 중에서)

의미 없는 고난은 없다

또 다른 작품 '골짜기의 종소리'에서 작가는 고통의 의미를 이렇게 설명한다. 노목사가 어린 손자에게 하는 말이다. "고통의 의미가 어려워서 이해 못하는 사람은 없지, 지금 같은 세상에서는 누구나 다 고통을 겪고 있으니까. 고통을 통해서 성장할 수 없는 사람에게 고통은 정말 참혹한 비극이거든. 그런 사람은 고통의 진정한 가치는 모르지. 아무리 고통을 겪는다고 해도 그 속에서 참다운 의미를 발견할 수만 있다면 결코 불행한 일은 아니란다."('골짜기의 종소리' 중에서)

백 작가는 제도화된 기독교는 진정한 신앙의 관점에서 보면 우상 숭배에 지나지 않는다고 보며 암묵적으로 존재하는 진정한 신앙을 추구한다. 그는 뿌리가 없는 나무들처럼, 거센 바람결에 흩날리고 있는 눈발처럼 근

작가의 초기 작품들의 초판본

원을 잃고 이리저리 휩쓸려 다니는 현대인들에게 회복을 촉구한다. 고난을 통해 믿음을 회복하길 바란다. 이는 그가 '기독교 문학이란 간증적 문학이 아닌 예언적 문학이 돼야 한다'고 선언한 이유이기도 하다. 작가는 현재 임평자(농촌여성신문 사장) 사모와 수원 우만동 한 아파트에서 묵상의 시간을 보내고 있다.

백도기처럼 생각하기

작가는 현실을 투시해
정직하게 증언할 의무있어

"아버지는 광복되던 날 천장의 한 귀퉁이를 찢어내고 그 안으로 손을 디밀어 태극기를 꺼내 들고 우셨어요. 그런 아버지 모습은 제 삶의 모형이었습니다. 부친은 복음교단 제2대 감독을 지내고 6·25 때 순교한 백남용 목사입니다."

수원시 팔달구 우만동 자택에서 만난 백도기 작가는 어린 시절부터 아버지처럼 살고 싶었으나 한때 '신이 선하다면 그는 전능하지 않거나, 전능하다면 선하지 않은 게 아닐까'라는 회의에 사로잡혔었다고 고백했다. 그러나 이런 회의는 그가 신학교를 졸업하고 목회 일선에 뛰어들면서 해소됐다.

그는 1964년 한국신학대학(현 한신대)을 졸업하고 첫 부임지 전북 익산 금마복음교회 전도사로 있을 때 윤치병 목사를 6년간 모시며 많은 것을 배웠다. "윤 목사님은 일본의 고베신학교 출신으로 고창고보에서 영어와 역사를 가르치던 분이셨는데 목회를 하시며 평생 가난하고 외로운 이들의 친구로 사셨지요. 당시 한신대 구약학 교수였던 문익환 목사가 설교 중에 '백도기가 지금 시골교회에서 목회하고 있다는 사실이 한신이 존재해야 하는 이유 중 하나가 될 수 있다'고 하셨어요."

그는 문학을 통해 인간에게 기여할 수 있는 게 무엇인지 오랜 기간 고민했다고 말했다.

"작가란 자기 시대의 역사적 현실을 투시해 우리의 '삶의 자리'가 어디에 처해 있는가를 정직하게 증언해야 할 의무가 있습니다. 작가는 증언을 통해 오늘의 어두운 현실에서 우리 자신을 구제하는 사명을 지니고 있다고 자변해 왔어요."

또 그는 신학과 문학은 궁극적으로 삶을 아름답게 만들어 간다는 점이 일치한다고 믿는다.

"예수님의 비유를 통해 우리는 어떤 논리보다 더 쉽고 빠르게 사랑의 핵심을 깨달을 수 있듯이 문학적 형태가 삶을 아름답게 하는 유익한 기능이라는 확신을 갖고 있습니다."

시대의 어둠에서
'민중'을 싹 틔우다

전남 목포시 목포근대문화역사관 1관 뒤편의 일제가 폭격을 차단하기 위해 만들어 놓은 방공호 속에서 자라고 있는 풀잎의 모습. 가난과 굴욕에 가슴을 옥죄던 조선인들이 꾸었던 '한 뼘의 꿈'처럼 느껴진다.

소설가 박화성/목포문학관

햇볕이 들지 않는 어두운 방공호 속에서 자란 풀잎은 가난과 굴욕에 가슴을 옥죄던 조선인들이 꾸었던 '한 뼘의 꿈'이었을까. 전남 목포시 영산로 목포근대문화역사관 1관(옛 일본영사관) 뒤편, 태평양전쟁 시 폭격을 차단하기 위해 일제가 만들어 놓은 방공호에서 마주한 풀잎은 소설가 박화성 (1903~1988)이 말하는 '민중'을 상징하는 듯했다.

우리나라 최초의 여류소설가 박화성은 시대의 아픔을 작품의 살과 뼈로 삼았다. 그는 작품을 통해 고난을 극복하고 이웃을 사랑하는 그리스도의 정신을 전했다. 특히 식민지 시대의 가난하고 핍박받는 도시빈민과 농민의 현장을 형상화해 리얼리즘 문학을 개척했다.

그는 1925년 이광수의 추천으로 단편소설 '추석전야'를 '조선문단'에 발표하면서 작품 활동을 시작했다. 30년 넘게 목포에 거주하면서 1950년대 목포문학의 꽃을 피우게 한 주역이었다. 그는 목포 해남 무안 신안 나주 함평 등을 배경으로 일제 식민지 삶의 모순을 취재해 소설로 썼으며 '하수도

목포문학관 앞에 세워진 박화성의 흉상과 시비

공사' '홍수전후' '백화' 등의 작품을 통해 농민과 노동자에게 용기와 희망을 전했다. 그는 인물과 상황을 세밀한 공간묘사로 생생하게 재현했다.

눈물의 항구, 목포

목포는 서해에서 육지로 들어가는 길목이라고 해서 목포로 불렀다. 조선 세종 때는 만호진이 설치돼 수군이 주둔했다. 1897년 목포항이 개항되자 항구는 일본 선박이 밀려들었다. 쌀, 면화 등 미곡 수탈의 전진기지였던 목포는 골목골목 우리 민족의 설움이 깊이 서려 있다. 목포는 그 어두운 현실 속에서 광복을 꿈꾸며 꿋꿋하게 희망을 버리지 않았던 사람들의 이야기가 실재했던 곳이다.

목포국제여객선터미널 4층에 올라가면 유달산과 산 중턱까지 빼곡한 가옥풍경을 한눈에 볼 수 있다. 반듯하게 포장된 도로와 근대 건축물이 자리한 남촌(유달동)엔 과거 일본인들이 거주했고, 일본인에게 밀려 유달산 북쪽으로 쫓겨난 조선인들은 낙후된 북촌(북교동, 죽교동)에 모여 살았다.

북촌엔 '추석전야'의 영신, '하수도 공사'의 동권과 용희 등과 같은 가난한 군상이 존재했을 것이다.

"목포의 낮은 참 보기에 애처롭다. 남쪽으로 늘비한 일인의 기와집이오. 중앙으로는 초가에 부자들의 옛 기와집이 섞여 있고 동북으로는 수림 중에 서양인의 집과 남녀학교와 예배당이 솟아 있는 외에 몇 개의 집을 내놓고는 땅에 붙은 초가집이다. 다시 건너편 유달산 밑을 보자 집은 돌 틈에 구멍만 빤히 뚫어진 돼지 움막 같은 초막들이 산을 덮어 완전한 빈민굴이다. 그러나 차별이 심한 이 도회를 안고 있는 자연의 풍경은 극히 아름답다."('추석전야' 중에서)

여객선터미널에서 왼편으로 걸으면 선창가가 이어진다. '추석전야'의 주인공 영신이 고된 하루 일과를 마치고 집으로 돌아가던 모습이 떠올랐다. 하루 종일 기름 냄새와 면화 먼지 속에서 일했던 영신이 퇴근 후 탁 트인 해안을 바라보며 한숨 돌렸을 것이다.

"방적공장의 오후 6시 기적(奇籍)이 '뛰이' 하고 울자 벤또 싼 흰 보(褓)를 옆에 낀 여공들이 우르르 몰려나온다. 오전 7시부터 종일 기계와 싸움하기에 고달픈 그들의 연약한 몸들이 이제 자유의 몸이 된 것이다. 목포의 석양은 면화 가루에 붉어진 그들의 눈을 위로해 주며 해안의 양풍은 땀에 절은 그들의 얼굴을 곱게 씻어 준다."('추석전야' 중에서)

'추석전야'와 '하수도 공사'

'추석전야'는 식민지 조선의 경제가 재편되는 과정에서 착취당하는 여

성 노동자의 현실과 분노를 형상화한 작품이다. 주인공 영신은 초막과 같은 빈민굴에서 살고 있는 방적공장 여공이다. 소설은 방적공장의 열악한 작업환경 속에서 일본인 공장 감독이 어린 여공을 희롱하는 데 분개해 항의하다가 기계의 북이 튀어나와 어깨에 부상을 당하게 된 영신의 고민으로부터 시작된다. 고민은 사흘 앞으로 다가온 추석이다. 남편 없이 가족을 부양하는 영신의 수중엔 돈이 없다. 영신은 어깨 상처에도 불구하고 밤새 삯바느질해 번 돈과 공장에서 받은 십일급을 합해 추석을 지내려 한다. 그러나 인색한 땅주인 영감이 찾아와 밀린 땅세를 모두 받아가 수포로 돌아간 비정한 현실에 영신은 땅주인이 두고 간 잔돈 은화 오십 전을 땅바닥에 버리며 돈에 대한 혐오감을 표출한다. 추석전야 마지막 문장에 박화성 특유의 미학이 느껴진다. "내버린 은전은 마당에서 여전히 찬란하게 빛나고 있다."

목포근대역사관 2관(옛 동양척식주식회사) 부근은 지금도 일본식 가옥이 많이 남아있다. 일부는 카페로 리모델링해 영업 중이다. 역사관에서 나와 유달산을 향해 서면 언덕길 옆으로 붉은 벽돌로 지어진 목포근대역사관 1관이 눈에 들어온다. 옛 일본영사관 건물이다. 목포에서 가장 오래된 건물이다. 건물 앞에 '평화의 소녀상'이 세워져 있다.

이곳은 목포 개항 후 일제가 영사 업무를 보기 위해 1900년 설립한 행정 관청으로 광복 후엔 목포시청, 목포시립도서관, 목포문화원으로 사용되다 2014년 목포근대역사관 1관으로 바뀌었다. 이곳은 단편소설 '하수도 공사'의 배경이 된 곳이다. 소설 속에서 노동자들이 몰려와 파업을 선언한 목포부청이 옛 일본영사관이다.

밀린 석 달 치 임금을 받기 위해 유달산의 하수도 공사에 참여했던 노동자 300여명이 경찰서로 몰려간다. 목포부청과 하수도 공사를 계약한 중정이라는 자가 공사금액 4할을 떼먹고 공사를 진행하며 밀린 임금을 주지 않으니 당장 그를 잡아들이라 요구한다. 시위는 정이라는 사상가로부터 지도를 받은 동권을 중심으로 이루어진다. 지금의 초원호텔 자리에 당시 경찰서가 있었다.

'하수도 공사'는 1932년 5월 '동광'에 발표된 단편소설이다. 1931년 3월 29일 일어난 목포의 하수도 공사장 소동 사건을 소재로 하고 있다. 당시 일본은 빈민구제 사업의 하나로 하수도 공사 사업을 벌였으나 결국 청부업자와 자본주의 지주에게만 이익이 돌아갔다.

"십일월 하순 만 일 년 만에 하수도 공사는 완전히 끝을 마치었다. 뒷개에서부터 보통학교 뒤로 김장자의 대궐 같은 뒷담을 감돌아 유달산록의 허리띠와 같이 목포의 하수도는 굉장했다. 최후까지 일을 계속한 200명의 노동자들이 흩어질 때는 그립던 처자를 만난다는 기쁨보다도 눈 날리고 꽃 피며 푸른 그늘 가을 달이 번갈아 가고 오는 일 년 동안 공동의 이해에서 같이 일하고 함께 싸우며 동고동락하던 동료들의 우정을 떼이기를 더

어려워하였다."('하수도 공사' 중에서)

하수도 공사는 유달산을 둘러서 죽교동 뒷개에서 북교초등학교 청년 회관을 거쳐 불종대, 수문통거리를 지나 아리랑고개까지 이어졌다고 한다. 그 길 어디엔가 '하수도 공사'의 주인공 동권과 용희가 살던 집이 있을 것 같았다.

양동교회와 선교사 주택, 목포문학관

목포시 죽동에서 태어난 작가는 부모를 따라 양동교회를 다니면서 신앙생활을 했다. 양동교회는 1897년 미국 남장로교회 유진 벨 선교사가 세운 목포 지역 최초의 교회이다. 교인들이 유달산에서 직접 나른 석재를 주재료로 축조했고 왼쪽 출입문 위쪽에 태극무늬가 새겨져 있다.

교회 인근 삼일로엔 작가가 다닌 정명여중과 구 선교사 사택이 있다. 화강암으로 지어진 사택은 현재 정명여고의 100주년 기념관과 음악실로 사용되고 있다.

또 박화성 차범석 김우진 김현 등 목포문인들의 상설전시관이 있는 목포문학관은 확 트인 바다가 보이는 갓바위문화타운 인근에 있다. '면화 가루에 붉어진 방적공장 여공들의 눈을 위로해 준 목포의 석양과 땀에 전 얼굴을 곱게 씻어 준 해풍'이 느껴지는 장소이다.

문학관을 떠나올 때 작가의 육성이 들리는 듯했다.

"60여 년을 메워온 원고지. 그러나 오늘도 다시 원고지 앞에 앉는다. 이제는 써야 한다. 후회 없는 작품을 써야 한다. 그리고 써가고 있다."

박화성처럼 생각하기

말씀 의지해 억압받는 자 편에 서다

소설가 박화성은 60여 년 작가생활을 통해 기독교 정신이 담긴 많은 작품을 남겼다. 기독교의 평등사상을 기초로 농민·노동자의 궁핍한 삶과 지배계급의 기생적인 생산양식을 파헤치는 작품들을 발표했다. 그에겐 기독교 신앙과 접목된 민족해방에 대한 소명의식이 있었다. 그가 쓴 소설은 대부분 식민지 시대의 조선 노동자 착취와 조선 여성들의 인신매매 등을 내용으로 했다.

이런 그의 생각은 신앙에서 출발한다. 한국교회역사연구원장 김수진 목사는 "박화성은 프레스톤 선교사로부터 유아세례를 받았으며 날마다 기도로 하루를 시작하고 기도로 마칠 만큼 신앙심이 깊었다"고 말했다.

박화성은 네 살 때 한글을 깨쳐 성경을 읽고, 다섯 살에는 한자를 해독하고, 일곱 살 때부터 소설을 읽기 시작했다. 신동이라고 소문이 날 정도로 머리가 좋아 1년에 몇 번씩 월반해 열한 살에 고등과 4학년이 됐다. 그때 '유랑의 소녀'라는 소설을 썼다. 열다섯 살 때 보통학교 교사로 근무하며 '아기 선생님'이라 불렸다. 작가는 조선어 말살정책으로 일본어 사용 강요가 노골화되자 절필하고 낙향해 후배양성에 전념했다. 그는 "황금색 은행잎이 비처럼 휘날리던 늦가을의 영광중학원이 눈에 선하고, 인생의 고향 광주를 생각하면 북문 밖 교회에서 부녀야학 교사로 활동했던 고생스러웠던 나날들이 잊혀지지 않는다"고 회고한 바 있다. 여성작가에 대한 편견이 높았던 시절, 그는 철저한 현장조사와 사실적 묘사로 일제 강점기 억압을 고발하는 동반자적 문학을 했다.

희망으로 닦은
구두는 닳지
않는다

'아홉 켤레 구두'가 상징하는 것은 절대로 버릴수 없는 인간의 자존심이다.

윤흥길(1942~)의 연작소설 '아홉 켤레의 구두로 남은 사내'는 1970년대 기형적인 도시화의 모순을 꼬집은 소설이다. 1977년 발표된 이 작품이 지금까지 스테디셀러로 읽히는 이유는 주제의 시효가 아직 끝나지 않았기 때문이다. 산업화 과정에서 순진한 개인과 음험한 사회의 충돌은 지금도 일어나고 있다.

소시민의 우연한 현실참여

"누렇게 익은 참외가 와르르 쏟아지더니 길바닥으로 구릅니다. 경찰을 상대하던 군중들이 돌멩이질을 딱 멈추더니 참외 쪽으로 벌떼처럼 달라붙습니다. 한 차분이나 되는 참외가 눈 깜짝할 새 동이 나버립니다. 진흙탕에 떨어진 것까지 주워서는 어적어적 깨물어 먹는 거예요. 먹는 그 자체는 결코 아름다운 장면이 못 되었어요. 다만 그런 속에서도 그걸 다투어 주워 먹

4부 희망으로 닦는 구두는 닳지 않는다   293

소설에서 권씨가 오르던 가파른 골목길을 분홍색 유니폼을 입은 야쿠르트 배달 아주머니가 전동카트를 타고 올라가고 있다. 성남시 수정로 옛 성남출장소 뒷골목길이다.

도록 밑에서 떠받치는 그 무엇이 그저 무시무시하게 절실할 뿐이었죠."

'아홉 켤레의 구두로 남은 사내'에서 자신은 폭동을 벌이는 광주 대단지의 도시빈민과 다르다고 여겼던 주인공 권기용이 '시위하다 말고 엎어진 트럭에 벌 떼같이 달려들어서 참외를 주워 먹는 군중의 모습'에 충격을 받고 폭동의 선두에 서게 된 계기를 이야기하는 대목이다.

권기용은 대학을 나와 출판사 직원으로 일하며 가까스로 광주 대단지에 땅과 집을 마련한 선량한 소시민이다. 그런 그가 광주 대단지 폭동에서 이른바 과격분자의 행동을 했고 이 때문에 감옥살이를 해 소시민적 기반을 송두리째 상실한다. 그는 아내의 수술비용을 마련하기 위해 강도짓을 하다 실패하자 가출한다.

소설의 배경은 1971년 8월 10일 발생한 '광주 대단지 사건'이다. 서울시의 판자촌 철거 정책에 떠밀려 경기도 광주군(현 성남시 수정구와 중원구)으로 강제 이주 당한 주민들이 생존권을 요구하며 벌인 집단 저항이었다. 1968년 서울시는 판자촌 주민들에게 경기도 광주군 중부면 300만 평의 땅으로 옮겨가 살라는 '광주 대단지 사업 고시문'을 발표했다. 철거민들은 주택단지 조성사업이 이루어지지 않은 언덕배기 헐값 부지에 이주했다. 상하수도 시설은 물론 공중화장실도 변변하게 마련돼 있지 않아 주민들의 불만은 쌓여갔다.

"가까스로 대지는 마련되었으나 그 위에 기둥을 세우고 비바람을 가릴 여유는 아직 없어 땅을 묵히다가 또 간신히 낡은 텐트 하나를 구해서 버티기를 몇 달이나 했다. 선거철이었다. 지상낙원 건설의 청사진에 갖가지 공익들이 한 획 한 획 첨가되었다. 곳곳에서 기공식들이 화려하게 벌어지고 건설 붐이 일었다. 당장 막벌이 날품팔이들의 천국이 눈앞의 현실로 바싹

당겨졌다. 갈수록 선거 열풍이 거세짐과 더불어 지가가 열나게 뛰고 사람 값이 종종걸음을 치고 하는 그 사이를 부동산 투기업자들이 훨훨 날아다 녔다."

1971년 서울시는 주민들에게 보름 만에 집을 지어 신고하라, 보름 만에 일시불로 땅값을 지불하라는 등 무리한 요구를 했다. 여기다 경기도에선 가옥 취득세를 납부하라는 통지서를 발부했다. 결국 그해 8월 10일 불합리 한 정책의 시정을 요구하며 입주민들이 대규모 시위를 벌였다. 시위 주민 들은 경기 광주군 성남출장소를 습격하고 차량을 탈취했다. 당시 경기도 광주 대단지 일원은 6시간 동안 무정부 상태가 되는 사태가 벌어졌다. 당 시 시대 상황 속에서 사람들은 '민란' '난동' '폭동'이라고 말했으나 그것은 '생존 투쟁'이었다.

작품의 주요 무대인 경기도 성남시 수정로를 찾았다. 성남시는 분당·

소설에 등장한 '성남출장소' 자리에 세워진 대형마트와 아파트.

판교 등의 신도시가 더 주목을 받고 있지만, 과거에는 수정로 숯골사거리가 중심지였다. 성남출장소 자리엔 현재 대형마트와 고급아파트가 들어서 있다.

옛 성남출장소 뒤편의 언덕길을 걸어서 올라갔다. 작중 화자인 오 선생과 권기용이 살았던 동네이다. "시청 뒷산 은행주택으로 이사 오기 전까지 우리는 단대리 시장 근처에 살았다. 숨통을 죄듯이 다닥다닥 엉겨붙은 20평 균일의 천변 부락이었다."

권씨네가 오 선생의 문간방으로 이사하던 날 풍경이 쉽게 그려졌다. "짐 무게에 압도되어 중심을 못 잡고 이리저리 휩쓸리면서 근근이 언덕배기를 올라오고 있는 그 사내가 우리 집에 세 들기로 된 권씨가 틀림없다면, 그는 예정보다 나흘이나 앞당겨 기습적으로 이사를 단행하는 셈이었다."

소설에서 그려진 것처럼 언덕과 고개, 좁은 골목에 20평으로 구획된 집들이 다닥다닥 붙어 있는 도시구조는 아직 남아있다. 권씨가 오르던 가파른 언덕길을 분홍색 유니폼을 입은 야쿠르트 배달 아주머니가 전동카트를 타고 천천히 올라가고 있었다.

자존심을 닦는 사나이

작품 중 '아홉 켤레의 구두'가 상징하는 것은 절대로 버릴 수도 양보할 수도 없는 인간의 마지막 자존심이다. 주인공 권기용은 양지바른 곳에 앉아 엉망진창이 된 구두를 번쩍번쩍 거리게 닦는 작업으로 망가진 자존심을 세웠다.

"이른 아침이었다. 문간방 툇마루에 앉아서 권씨가 구두를 닦고 있었다. 누구나 그렇듯이 그가 솔로 먼지나 터는 정도의 일을 하고 있었다면 나는 그냥 지나쳤을지도 모른다. 바탕과 빛깔이 다르고 디자인이 다른 갖가지 구두를 대여섯 켤레나 툇마루에 늘어놓은 채 그는 털고 바르고 닦는 데 여념이 없었다."

권기용은 산업화 과정에서 소외되고 자존심에 상처를 입은 민중들을 대변한다.

"난생 처음 이십 평짜리 땅덩어리가 내 소유로 떨어진 것입니다. 내 차지가 된 그 이십 평이 너무도 대견해서 아침저녁으로 한 뼘 한 뼘 애무하다시피 재고 밟고 하느라고 나는 사실은 나 이상으로 불행한 어느 철거민의 소유였어야 할 그것이 협잡으로 나한테 굴러 떨어진 줄을 잊고 지낼 정도였습니다. 당시의 나한테는 이 세상 전체가 끽해야 이십 평에서 그렇게 많이 벗어나게 커 보이지 않았습니다."

문학의 그릇에 영혼을 담다

전북 정읍 출신의 소설가 윤흥길이 성남과 인연을 맺은 건 부임지 때문이었다. 그는 1973년 성남의 숭신여자중학교에 국어교사로 부임해 가정방문을 하며 그보다 2년 전 일어났던 광주 대단지 사건을 접했다. 학부모들은 광주 대단지 사건에 대해 조심스러워하며 이야기 했다. 사건을 거론하는 것조차 우려하는 분위기 속에서 이 작품을 발표하는 것은 부담스러운 일이었다. 그러나 작가는 이야기를 써야 한다는 의무감에 쓰기 시작했다.

윤흥길은 1977년 '아홉 켤레의 구두로 남은 사내' '직선과 곡선' '창백한 중년' '날개 또는 수갑' 등 네 편의 소설을 잇달아 발표하면서 문단의 주목을 받았다. 한 인물을 중심으로 이야기가 일관되게 이어지는 연작 소설이다.

등장인물은 권기용이고 시대는 1970년대, 장소는 경기도 성남시이다. 연작 소설은 근대화 산업화 과정에서 빚어진 사회의 모순을 소시민의 자존심과 분노를 통해 날카롭게 드러냈다. '직선과 곡선'은 권기용이 작중 화자인 '나'로 등장해 행방불명된 지 엿새 만에 돌아와 엿새 동안의 일을 회상하는 내용이다. '창백한 중년'에서 섬유업체인 동림산업 잡역부로 입사한 권기용이 폐결핵에 걸려 해고당하고 팔까지 잃은 여공 안순덕을 도우려 한다. '날개 또는 수갑'에서 권기용은 안순덕의 문제를 해결하기 위해 홀로 동림산업 측과 어려운 싸움을 계속한다.

　　많은 사람들은 소설가 윤흥길이 어린 시절부터 기독신앙을 가졌으며 그의 작품에 기독교정신이 고스란히 담겨 있다는 것을 잘 알지 못한다. 주일학교 시절부터 기독교신앙이 몸에 밴 그는 소설의 내용을 설정하고 책 제목을 정하는 것에 이르기까지 어떻게 하면 기독교정신을 불어넣을 수 있을까 고민했다. 직설적 방법을 택하지 않는다. 다만 문학의 그릇에 영혼을 담아 독자들을 감동시킨다.

작가의 집필실

소설 '장마'는 평화, '아홉 켤레의 구두로 남은 사내'는 이웃 사랑과 인도주의 정신, '낮'은 갈등과 대립하는 두 세력 사이에서 이해·사랑·관용을 통한 화해란 주제를 담고 있다. 사이비 종말론의 소동을 통해 병든 세기말 사회를 풍자한 '빛 가운데로 걸어가면'도 있다. '밟아도 아리랑'은 일본에 강제 징용된 한국인 노동자들의 고향으로 돌아가려는 귀소 본능을 다뤘다. 문학의 그릇에 영혼을 담는 작업은 그에게 하나님의 창조 섭리에 동참하는 일이었다.

윤흥길처럼 생각하기

문학은 영혼의 빈 그릇을 채우는 작업

"기독교 교리나 사상을 담은 작품이 기독교문학이라 생각합니다. 선교문학이나 간증문학이 기독교문학이라고 생각하지 않아요. 또 하나님의 창조물인 인간의 모습을 잘 드러내는 작업, 인생에 숨겨진 진실을 찾아내 세밀히 표현하는 작업이 하나님의 창조역사를 돕는 길이라 생각합니다."

전남 완주 소양면 자택에서 만난 소설가 윤흥길은 자신의 모든 작품에 기독교 사상과 그리스도의 사랑, 창조섭리를 담았다고 말했다. 그는 2014년 부인 유계영 권사와 함께 서울에서 내려와 자연을 가까이하며 글을 쓰고 있다. "자연을 가까이 하니 하나님의 신비하고 오묘한 창조질서가 피부로 느껴집니다. 새 두꺼비 엉겅퀴 민들레와 교감하며 행복하게 살고 있습니다." 그의 집은 해마다 벚꽃 터널로 장관을 이루는 송광사 벚꽃길과 지근거리에 있다.

그에게 문학은 '영혼의 빈 그릇을 채우는 작업'이었다. 그는 가출하기 위해 문학을 한다고 말했다. 그는 문학을 통해 정말 수많은 가출을 경험했을 것이다. 밑 빠진 독과 같은 영혼의 빈 그릇을 채우기 위해 결국 문학을 통한 정신의 가출만이 허용된다는 것을 깨달았기 때문일 것이다.

그에겐 공군 비행기 정비사로 복무하던 시절 격납고로 추락하는 비행기를 피했던 일과 1984년 과로로 인한 반신마비 증세를 기도로 치유 받은 간증이 있다. 이후 그의 신앙은 단단한 끈이 돼 언제나 그를 멀리 가지 못하게 붙잡았다. 뜻하지 않은 사고나 육체적 질병 속에서 하나님의 손길은 언제나 생명의 줄이 됐다고 그는 고백했다.

그는 그동안 분단 문제와 산업화시대에 따르는 평등·노동·분배 문제, 시대를 초월한 민족 문제와 직결된 작품들을 써왔다. 작품을 발표할 때마다 문단의 주목을 받았다. 항상 민족 문제와 기독교 정신의 두 가지 문제에 포커스를 맞춰왔다. 2018년 그는 한민족 정체성 귀소 본능과 기독교인이 가지고 있는 본향 의식을 연결한 장편 '문신'을 출간했다.

대지를 품은
'세상의 어머니' 되다

'소사희망원' 아이들과 함께 한
펄 벅 여사.

소설가 펄 벅/ 펄벅기념관

"왕룽은 이따금 허리를 굽히고는 손으로 흙을 긁어모아 쥐었다. 그렇게, 한 줌의 흙을 쥐고 있으면 손가락 사이에 생명이 꿈틀거리는 것 같았다. 그는 그것으로 만족하였고, 흙과 방 안에 놓여 있는 좋은 관에 대해 때때로 생각했다. 다정한 흙은 조금도 서두르지 않고 그가 흙으로 돌아올 날을 기다리고 있었다."(펄 벅의 '대지' 중에서)

'흙과 인간의 삶'이라는 주제를 강렬하게 표출한 펄 벅(Pearl S Buck · 1892~1973)의 장편소설 '대지'는 땅에 영혼을 바친 농민들의 대서사시이다. 빈농으로 재산을 모아 대지주가 된 주인공 왕룽과 그 일가의 생애를 그린 대지는 1부 '대지', 2부 '아들들', 3부 '분열된 일가'로 3부작이다. 1부 '대지'는 1931년 발간과 동시에 베스트셀러가 됐고 출간 다음 해 퓰리처상을 받았으며 1938년엔 3부작으로 노벨 문학상을 받았다.

'대지'의 주인공 왕룽에게 땅은 단지 재산이 아니다. 그를 낳아주고 길러주고 고통을 부드럽게 감싸주는 어머니이며, 자신은 물론 자손들의 생명을 이어가게 도와주는 신의 선물이다. 왕룽은 자연과 운명에 맞서 삶을 개척해 대지주가 된다. 세월이 흘러 왕룽이 병석에 누워 자식들이 땅을 팔기 위해 의논하는 소리를 듣고 "우리는 땅에서 나왔고, 다시 땅으로 돌아가야 한다. 너희들도 땅만 가지고 있으면 살 수 있다. 아무도 땅을 빼앗아가지는 못한다"고 분노한다.

'한국은 보석같은 나라'

펄 벅이 '대지'로 노벨 문학상을 받은 것은 많이 알려져 있지만 구한말 한국을 배경으로 쓴 소설 '살아있는 갈대'가 그의 또 다른 걸작이라는 사실과 그가 한국에서 오랫동안 사회사업 활동을 한 것을 아는 사람은 많지 않다. '살아있는 갈대'는 1963년 출간되자마자 뉴욕타임스의 베스트셀러가 됐다. 펄 벅은 작품에서 "한국은 고상한 국민이 살고 있는 보석같은 나라이다. 이 나라는 주변의 세 나라 중국, 러시아, 일본에는 여러 세기 동안 잘 알려져 있어 그 가치를 인정받고 있으나 서구 사람들에겐 아시아에서도 가장 알려지지 않은 나라이기도 하다"라고 말했다.

작품은 한국의 격동기에 태어나 역사의 소용돌이 속에서 나라를 구하기 위해 투쟁한 한 가족을 4대에 걸쳐 그리고 있다. 주인공 김일한은 유한양행 창업주 고 유일한 박사가 모델이다. 작품은 구한말에서 해방까지의 역사적 사실을 피상적인 소재로 삼은 것이 아니라 민족의 역사성과 저항정신을 고스란히 담고 있다. '살아있는 갈대'란 제목은 불의와 폭력 앞에 꿋꿋한 저항 정신을 상징한다. '살아있는 갈대'는 살아있는 희망을 의미한다. 인생의 들불이라는 재난을 만나 모두 불타 버려도 흙 속에 박힌 뿌리는 다시 생명을 이어낼 수 있다는 것이다. 펄 벅은 1960년 이후 1969년까지 여덟

'소사희망원' 아이들과 함께
한 펄 벅 여사

차례 한국을 방문했다. 그는 '살아있는 갈대'를 집필하면서 한국의 역사를 알아갔고 한국에 대한 애정이 깊어졌다.

한국에 깊은 애정을 보였던 펄 벅을 기념하는 경기도 부천시 성주로 '부천펄벅기념관'. 이곳은 원래 유한양행의 소사공장이 있던 곳이다. 펄 벅은 유한양행 설립자 유일한 박사에게 부지 3만3058만㎡(1만 평)을 기증받아 이곳에 한국전쟁 혼혈아들을 돌보기 위해 소사희망원을 1967년에 세웠다. 그는 한국을 방문할 때마다 이곳에 2, 3개월씩 머물며 아이들과 함께 시간을 보냈다. 그는 아이들을 손수 입히고 먹이고 씻기는 일을 마다하지 않았다. 소사희망원은 1976년 문을 닫을 때까지 1500명의 혼혈아동이 머물렀다. 부천시는 2006년 펄 벅을 기리기 위해 소사희망원 자리에 펄벅기념관을 세웠다. 지금 소사희망원의 흔적을 찾기는 쉽지 않다. 소사희망원 부지 대부분엔 아파트가 들어섰고 펄벅기념관만 그 터를 지키고 있다.

농민들의 대서사시 '대지'

펄 벅은 중국에서 성장한 미국인이다. '푸른 눈의 동양인'으로 불린 펄 벅은 미국 웨스트버지니아주 태생으로 중국 선교사인 아버지와 어머니를 따라 생후 석 달 만에 중국으로 건너가 양쯔강 연안의 전장이라는 소도시에서 성장했다. 그의 가족은 선교사들이 살던 종교인 거주지에서 생활하지 않고 중국인들 속에서 살았다. 펄 벅은 중국인 유모의 손에서 자랐기에 영어보다 중국어를 먼저 배웠고 남빛 중국 여자 옷을 입고 중국인 소학교에 다녔다. 그녀는 어린 시절 자신이 중국인인 줄 알았다고 회고했다.

펄 벅은 18세가 되던 해 미국에 돌아가 버지니아의 린치버그에 있는 랜돌프 메콘여자대학에서 심리학을 전공했다. 수석으로 대학을 졸업한 그녀

경기도 부천시 성주로 부천 펄벅기념관

는 어머니의 병간호를 위해 다시 중국으로 건너갔다. 1917년 펄 벅은 장로
교 전도회에서 파견한 25세의 농업전문가 존 로싱 벅과 결혼하지만 결혼
생활은 그리 행복하지 않았다. 남편이 난징대학의 교수가 되면서 그도 이
듬해부터 난징대학에서 초급영어를 가르쳤고 10여 년간 대학에서 영문학
을 강의하는 한편 장로교 선교사로 활동했다. 그는 1930년 동서양 문명의
갈등을 다룬 장편 처녀작 '동풍 서풍'을 출판, 1년 안에 3판까지 찍었다. 이
에 자신감을 얻은 그는 아버지의 병구완과 대학 강의까지 하며 장편 '대지'
를 집필했다.

　펄 벅은 문학뿐 아니라 사회사업에도 업적을 남겼다. '세상의 어머니'가
되고자 했다. 미국인과 아시아인 혼혈아들을 입양하는 일에 헌신했고 그
자신도 7명의 아이를 양자로 받아들였다. 그는 1964년 펄벅재단을 설립했
으며 1967년 수입의 대부분인 700만 달러 넘는 돈을 재단에 희사했다. 그
는 1973년 3월 6일 폐암으로 사망할 때까지 동서양을 배경으로 80여 편의

부천 펄벅기념관 내부. 그가 한국을 방문했을 때 입었던 투피스와 책상이 보인다.

작품을 남겼다. 한국을 배경으로 쓴 소설로 '살아있는 갈대' 외에 '한국에서 온 두 처녀' '새해'가 있다.

살아있는 갈대, 살아있는 희망

혼혈아를 위한 재단을 세워 인도주의 작가로 알려진 펄 벅은 작가의 최대 사명은 동서양의 벽을 허물고 인류의 복지사회를 이루는 것이라고 생각했다. 미국에서 태어나 중국에서 자라난 스스로를 '정신적 혼혈아'라고 불렀다. 작가의 인도주의 정신은 그의 모든 작품에 흐른다. 그는 '에센스'란 시에서 "내가 심혈을 기울여 만든 모든 작품의 에센스는 이 지상엔 사랑이 없으면 공포가 있을 뿐이라는 말로 요약할 수 있다"고 말했다.

기념관에는 펄 벅이 쓴 소설의 초창기 판본을 비롯해 직접 사용한 타자기, 한국 방문 시 사용한 가방, 소사희망원 아이들로부터 80세 생일 선물로 받은 산수화, 생전에 즐겨 착용하던 진주 머리핀 등 유품 250여점이 전시

한국을 배경으로 쓴 소설 '살아있는 갈대' 원서(왼쪽)와 번역본

돼 있다. 펄벅기념관은 부천둘레길 2코스에 들어있어 지역 주민들의 쉼터이자 문화공간으로 자리매김하고 있다. 매년 그림그리기대회 펄벅문학상 등 다양한 문화 예술 교육 프로그램이 진행된다. 한 해 동안 1만5000여명이 기념관을 방문한다.

기념관에서 만난 권택명(펄벅재단 상임이사) 시인은 "펄 벅은 선교사의 자녀로서 기독교적 환경 속에 성장해 그 작품 밑바탕엔 성경적·기독교적 정서가 흐르고 있다. 특히 하나님이 관심을 갖는 약자에 대한 연민과 배려, 박애적 사랑의 실천은 그가 기독교 세계관과 가치관을 갖고 있음을 보여준다"고 말했다.

성주산 자락에 있는 펄벅기념관 앞에 서니 대지의 봄기운이 느껴졌다.

"대지는 그의 마음의 병을 고쳐 주었다. 태양은 머리 위에 빛나며 그의 괴로움을 잊게 했고, 여름의 더운 바람은 부드럽게 그를 감싸 주었다."('대

지' 중에서)

'살아있는 갈대는 살아있는 희망'이란 작가의 메시지가 명징하게 살아 있는 곳이다.

펄 벅처럼 생각하기

희망처럼 좋은 위안은 없습니다

"나는 원래 가정적인 성품을 지니고 태어났으나, 나의 시대는 내 재능-그것이 어떤 것이든지 간에과 더불어 나를 작가로 만들었으며, 나로 하여금 내 가정과 내 나라 국민뿐만 아니라 여러 국민들의 삶 속 깊이 살게 하였다."(자전 에세이 '나의 몇 세계' 중에서)

펄 벅을 작가로 만든 것은 팔 할이 고난이었다. 그는 결혼생활이 원만치 못했고 발달장애를 가진 딸로 인해 인생의 험난한 파도를 넘어야 했다. 그러나 펄 벅은 그로 인해 '영혼의 나이테'를 늘려갔다고 고백했다. 그는 "가정은 대지이다. 나는 거기서 나의 정신적인 영양을 섭취하고 있다"는 명언을 남겼다.

그가 '자라지 않는 아이'에서 고백하듯 그의 딸 캐럴은 그를 작가로 만든 중요한 동기가 됐다. '자라지 않는 아이'는 발달장애아 딸을 인정하고 받아들이기까지의 힘든 과정을 담은 에세이다. 지적장애가 부모의 책임으로 비난받던 시기에 펄 벅의 고백은 많은 사람에게 힘과 용기를 주었다.

"나는 그 누구에게나 존경과 경의를 표해야 한다는 것을 배웠습니다. 내 딸이 없었다면 나는 분명히 나보다 못한 사람을 얕보는 오만한 태도를 버리지 못했을 것입니다. 그리고 지능만으로는 훌륭한 인간이 될 수 없음도 배웠습니다."('자라지 않는 아이' 중에서)

그는 다시 장애가 있는 자녀를 가진 세상의 부모에게 이렇게 말했다. "모든 탄생에는 삶의 권리가 있고 행복할 수 있는 권리가 있습니다. 지적장애아든 신체장애아든 그 아이에 대해 자부심을 가지십시오. 다른 사람의 눈총에 신경 쓰지 말고 머리를 꼿꼿이 쳐들고 당당하게 다니십시오. 그 아이는 당신의 삶에 어떤 형태로든 의미를 부여하므로, 그 아이를 위해, 그 아이와 함께 기쁨을 찾는 것이 당신에게도 큰 위안이 될 것입니다. 언제나 희망을 가지십시오. 희망처럼 좋은 위안은 없습니다."

펄 벅은 1934년 출판사 대표 리처드 월시와 재혼 후 미국에 정착하며 행복한 가정생활을 영위했다. 그러나 그는 기근과 홍수에 시달리는 중국 난민을 위해 일했던 부모와 마찬가지로 사람들의 고통을 덜기 위해 자신이 헌신해야 한다고 생각했다.

동주에서 아야코까지

이지현의 기독문학기행

초판 1쇄 2018년 7월 11일

지 은 이 _ 이지현
펴 낸 이 _ 이태형
펴 낸 곳 _ 국민북스
디 자 인 _ 서재형

등록번호 _ 제406-2015-000064호
등록일자 _ 2015년 4월 30일

주   소 _ 경기도 파주시 와석순환로 307, 1106-601 우편번호 10892
전   화 _ 031-943-0701
이 메 일 _ kirok21@naver.com
ISBN 979-11-88125-10-4